Diogenes Taschenbuch 23585

detebe

W0339191

Denken mit Arthur Schopenhauer

*Vom Lauf der Zeit,
dem wahren Wesen der Dinge,
dem Pessimismus,
dem Tod und der Lebenskunst*

*Herausgegeben und
mit einem Nachwort von
Otto A. Böhmer*

Diogenes

Die Erstausgabe erschien 1987
unter dem Titel: ›Vom Nutzen der Nachdenklichkeit.
Ein Schopenhauer-Brevier‹
im Deutschen Taschenbuch Verlag, München
Das Nachwort wurde eigens
für diese Ausgabe neu geschrieben
Umschlagillustration: Angilbert Göbel,
›Bildnis des Philosophen Arthur Schopenhauer‹,
1859 (Ausschnitt)
Foto: Copyright © Archiv für Kunst
und Geschichte, Berlin

Für Christel und Mareike

Alle Rechte vorbehalten
Copyright © 2007
Diogenes Verlag AG Zürich
www.diogenes.ch
30/07/52/1
ISBN 978 3 257 23585 2

Inhalt

Über die Philosophie

Die Philosophie hat das Eigene, daß sie gar nichts als bekannt voraussetzt, sondern alles ihr in gleichem Maße fremd und ein Problem ist, nicht nur die Verhältnisse der Erscheinungen, sondern auch diese selbst, ja der Satz vom Grunde selbst, auf welchen alles zurückzuführen die anderen Wissenschaften zufrieden sind, durch welche Zurückführung bei ihr aber nichts gewonnen wäre, da ein Glied der Reihe ihr so fremd ist wie das andere, ferner auch jene Art des Zusammenhangs selbst ihr ebensogut ein Problem ist als das durch ihn Verknüpfte, und dieses wieder nach aufgezeigter Verknüpfung so gut als vor derselben. Denn ebenjenes, was die Wissenschaften voraussetzen und ihren Erklärungen zugrunde legen und zur Grenze setzen, ist gerade das eigentliche Problem der Philosophie, die folglich insofern da anfängt, wo die Wissenschaften aufhören. Beweise können nicht ihr Fundament sein, denn diese leiten aus bekannten Sätzen unbekannte ab; aber ihr ist alles gleich unbekannt und fremd.

Die Philosophie ist wesentlich Weltweisheit; ihr Problem ist die Welt. Mit dieser allein hat sie es zu tun und läßt die Götter in Ruhe, erwartet aber dafür, auch von ihnen in Ruhe gelassen zu werden.

Die Philosophie muß, so gut wie Kunst und Poesie, ihre Quelle in der anschaulichen Auffassung der Welt haben: auch darf es dabei, so sehr auch der Kopf oben zu bleiben hat, doch nicht so kaltblütig hergehn, daß nicht am Ende der ganze Mensch, mit Herz und Kopf, zur Aktion käme und durch und durch erschüttert würde. Philosophie ist kein Algebra-Exempel.

Ohne Zweifel ist es das Wissen um den Tod und neben diesem die Betrachtung des Leidens und der Not des Lebens, was den stärksten Anstoß zum philosophischen Besinnen und zu metaphysischen Auslegungen der Welt gibt. Wenn unser Leben endlos und schmerzlos wäre, würde es vielleicht doch keinem einfallen zu fragen, warum die Welt da sei und gerade diese Beschaffenheit habe, sondern eben auch sich alles von selbst verstehn.

Wenn man eine Schrift findet, deren Alphabet unbekannt ist; so versucht man die Auslegung so lange, bis man auf eine Annahme der Bedeutung der Buchstaben gerät, unter welcher sie verständliche Worte und zusammenhängende Perioden bilden. Dann aber bleibt kein Zweifel an der Richtigkeit der Entzifferung; weil es nicht möglich ist, daß die Übereinstimmung und der Zusammenhang, in welchen diese Auslegung alle Zeichen jener Schrift setzt, bloß zufällig wäre und man, bei einem ganz andern Werte der Buchstaben, ebenfalls Worte und Perioden in dieser Zusammenstellung derselben erkennen könnte. Auf ähnliche Art muß die Entzifferung der Welt sich aus sich selbst vollkommen bewähren. Sie muß ein gleichmäßiges Licht über alle Erscheinungen der Welt verbreiten und auch die heterogensten in Übereinstimmung bringen, so daß auch zwischen den kontrastierendsten der Widerspruch gelöst wird. Diese Bewährung aus sich selbst ist das Kennzeichen ihrer Echtheit. Denn jede falsche Entzifferung wird, wenn sie auch zu einigen Erscheinungen paßt, den übrigen desto greller widersprechen...

So ließe sich ein unabsehbares Register der Widersprüche dogmatischer Annahmen mit der gegebenen Wirklichkeit der Dinge zusammenstellen. Hingegen muß ich in Abrede stellen, daß auf dasselbe irgendeine Lehre meiner Philosophie redlicherweise einzutragen sein würde; eben weil jede derselben in Gegenwart der angeschauten Wirklichkeit durchdacht worden und keine ihre Wurzel allein in abstrakten Begriffen hat. Da es dabei dennoch ein Grundgedanke ist, der an alle Erscheinungen der Welt, als ihr Schlüssel, gelegt wird; so bewährt sich derselbe als das richtige Alphabet, unter dessen Anwendung alle Worte und Perioden Sinn und Bedeutung haben. Das gefundene Wort eines Rätsels erweist sich als das rechte dadurch, daß alle Aussagen desselben zu ihm passen. So läßt meine Lehre Übereinstimmung und Zusammenhang in dem kontrastierenden Gewirre der Erscheinungen dieser Welt erblicken und löst die unzähligen Widersprüche, welche dasselbe, von jedem andern Standpunkt aus gesehen, darbietet: sie gleicht daher insofern einem Rechenexempel, welches aufgeht, wiewohl keineswegs in dem Sinne, daß sie kein Problem zu lösen übrig, keine mögliche Frage unbeantwortet ließe. Dergleichen zu behaupten, wäre eine vermessene Ableugnung der Schranken menschlicher Erkenntnis überhaupt. Welche Fackel wir auch anzünden und welchen Raum sie auch erleuchten mag; stets wird unser Horizont von tiefer Nacht umgrenzt bleiben. Denn die letzte Lösung des Rätsels der Welt müßte notwendig bloß von den Dingen an sich, nicht mehr von den Erscheinungen reden. Aber gerade auf diese allein sind alle unsere Erkenntnisformen angelegt: daher müssen wir uns alles durch ein Nebeneinander, Nacheinander und Kausalitätsverhältnisse faßlich machen. Aber diese Formen haben bloß in Beziehung auf die Erscheinung Sinn und Bedeutung: die Dinge an sich selbst und ihre möglichen Verhältnisse lassen sich durch jene Formen nicht erfassen. Daher muß die wirkliche, positive Lösung des Rätsels der Welt etwas sein, das der menschliche Intellekt zu fassen und zu denken völlig unfähig ist; so daß, wenn ein Wesen höherer Art käme und sich alle Mühe gäbe, es uns beizubringen, wir von seinen Eröffnungen durchaus nichts würden verstehen können.

Zu wirklichen und echten Leistungen in der Philosophie ist, wie in der Poesie und den schönen Künsten, die erste Bedingung ein ganz abnormer Hang, der, gegen die Regel der menschlichen Natur, an die Stelle des subjektiven Strebens nach dem Wohl der eigenen Person ein völlig *objektives*, auf eine der Person fremde *Leistung* gerichtetes Streben setzt und ebendieserhalb sehr treffend *exzentrisch* genannt, mitunter wohl auch als »Donquichottisch« verspottet wird... Eine solche Geistesrichtung ist allerdings eine höchst seltene Anomalie, deren Früchte jedoch, ebendeswegen, im Laufe der Zeit der ganzen Menschheit zugute kommen, da sie glücklicherweise von der Gattung sind, die sich aufbewahren läßt. Näher: man kann die Denker einteilen in solche, die *für sich selbst* und solche, die *für andere* denken; diese sind die Regel, jene die Ausnahme. Erstere sind demnach Selbstdenker im zwiefachen und Egoisten im edelsten Sinne des Wortes. Sie allein sind es, von denen die Welt die Belehrung empfängt. Denn nur das Licht, welches einer sich selber angezündet hat, leuchtet nachmals auch anderen.

Wenn es überhaupt eine Philosophie geben soll, d. h., wenn es dem menschlichen Geiste vergönnt sein soll, seine höchsten edelsten Kräfte dem ohne allen Vergleich wichtigsten aller Probleme zuwenden zu dürfen, so kann dies nur dann mit Erfolg geschehn, wenn die Philosophie allem Einflusse des Staates entzogen bleibt. Dieser tut für sie schon ein Großes und beweist ihr seine Humanität und seinen Edelmut genugsam, wenn er sie nicht verfolgt, sondern sie gewähren läßt und ihr Bestand vergönnt, als einer freien Kunst, die übrigens ihr eigener Lohn sein muß. Wogegen er des Aufwandes für Professuren derselben sich überhoben achten kann, weil die Leute, die *von* der Philosophie leben wollen, höchst selten ebendie sein werden, welche eigentlich *für* sie leben, bisweilen aber sogar die sein können, welche versteckterweise *gegen* sie machinieren.

Nur dem gedankenlosen Tier scheint sich die Welt und das Dasein von selbst zu verstehn, dem Menschen hingegen ist sie ein Problem, dessen sogar der Roheste und Beschränkteste in einzelnen helleren Augenblicken lebhaft innewird, das aber jedem um so deutlicher und anhaltender ins Bewußtsein tritt, je heller und besonnener dieses ist, und je mehr Stoff zum Denken er durch Bildung sich angeeignet hat, welches alles endlich in den zum Philosophieren geeigneten Köpfen sich … zu derjenigen Verwunderung steigert, die das Problem, welches die edlere Menschheit jeder Zeit und jedes Landes unablässig beschäftigt und ihr keine Ruhe läßt, in seiner ganzen Größe erfaßt. In der Tat ist die Unruhe, welche die nie ablaufende Uhr der Metaphysik in Bewegung erhält, das Bewußtsein, daß das Nichtsein dieser Welt ebenso möglich sei wie ihr Dasein.

Zum Philosophieren sind die zwei ersten Erfordernisse diese: erstlich, daß man den Mut habe, keine Frage auf dem Herzen zu behalten; und zweitens, daß man alles das, *was sich von selbst versteht*, sich zum deutlichen Bewußtsein bringe, um es als Problem aufzufassen.

Während die Geschichte uns lehrt, daß zu jeder Zeit etwas anderes gewesen, ist die Philosophie bemüht, uns zu der Einsicht zu verhelfen, daß zu allen Zeiten ganz dasselbe war, ist und sein wird. In Wahrheit ist das Wesen des Menschenlebens wie der Natur überall in jeder Gegenwart ganz vorhanden und bedarf daher, um erschöpfend erkannt zu werden, nur der Tiefe der Auffassung. Die Geschichte aber hofft die Tiefe durch die Länge und Breite zu ersetzen: ihr ist jede Gegenwart nur ein Bruchstück, welches ergänzt werden muß durch die Vergangenheit, deren Länge aber unendlich ist und an die sich wieder eine unendliche Zukunft schließt. Hierauf beruht das Widerspiel zwischen den philosophischen und den historischen Köpfen: jene wollen ergründen; diese wollen zu Ende erzählen. Die Geschichte zeigt auf jeder Seite nur dasselbe unter verschiedenen Formen: wer aber solches nicht in einer oder wenigen erkennt, wird auch durch das Durchlaufen aller Formen schwerlich zur Erkenntnis davon gelangen. Die Kapitel der Völkergeschichte sind im Grunde nur durch die Namen und Jahreszahlen verschieden: der eigentlich wesentliche Inhalt ist überall derselbe...

Was endlich das besonders durch die überall so geistesverderbliche und verdummende Hegelsche Afterphilosophie aufgekommene Bestreben, die Weltgeschichte als ein planmäßiges Ganzes zu fassen oder, wie sie es nennen, »sie organisch zu konstruieren«, betrifft, so liegt demselben eigentlich ein roher und platter *Realismus* zum Grunde, der die *Erscheinung* für das *Wesen an sich* der Welt hält und vermeint, auf sie, auf ihre Gestalten und Vorgänge käme es an; wobei er noch im stillen von gewissen mythologischen Grundansichten unterstützt wird, die er stillschweigend voraussetzt: sonst ließe sich fragen, für welchen Zuschauer denn eine dergleichen Komödie eigentlich aufgeführt würde? – Denn, da nur das Individuum, nicht aber das Menschengeschlecht wirkliche, unmittelbare Einheit des Bewußtseins hat, so ist die Einheit des Lebenslaufes dieses eine bloße Fiktion. Zudem, wie in der Natur nur die Spezies real, die genera bloße Abstraktionen sind, so sind im Menschengeschlecht nur die Individuen und ihr Lebenslauf real, die Völker und ihr Leben bloße Abstraktionen. Endlich laufen die Konstruktionsgeschichten, von plattem Optimismus geleitet, zuletzt immer auf einen behaglichen, nahrhaften, fetten Staat mit wohlgeregelter Konstitution, guter Justiz und Polizei, Technik und Industrie und höchstens auf intellektuelle Vervollkommnung hinaus, weil diese in der Tat die allein mögliche ist, da das Moralische im wesentlichen unverändert bleibt. Das Moralische aber ist es, worauf nach dem Zeugnis unsers innersten Bewußtseins alles ankommt: und dieses liegt allein im Individuum als die Richtung seines Willens. In Wahrheit hat nur der Lebenslauf jedes einzelnen Einheit, Zusammenhang und wahre Bedeutsamkeit: er ist als eine Belehrung anzusehn, und der Sinn derselben ist ein moralischer. Nur die *innern* Vorgänge, sofern sie den *Willen* betreffen, haben wahre Realität und sind wirkliche Begebenheiten; weil der Wille allein das Ding an sich ist. In jedem Mikrokosmos liegt der ganze Makrokosmos, und dieser enthält nichts mehr als jener. Die Vielheit ist Erscheinung, und die äußern Vorgänge sind bloße Konfigurationen der Erscheinungswelt, haben daher unmittelbar weder Realität noch Bedeutung, sondern erst mittelbar durch ihre Beziehung auf den Willen der einzelnen. Das Bestreben, sie unmittelbar deuten und auslegen zu wollen, gleicht sonach dem, in den Gebilden der Wolken Gruppen von Menschen und Tieren zu sehn. – Was die Geschichte erzählt, ist in der Tat nur der lange, schwere und verworrene Traum der Menschheit.

Die Spaßphilosophen kennen nicht einmal das *Problem* der Philosophie. Sie vermeinen, es sei *Gott*. Von dem gehen sie, als einem Gegebenen, aus, mit dem haben sie es durchweg zu tun, ob er in der Welt oder draußen sei, ob er sein eignes Selbstbewußtsein habe oder sich des des Menschen bedienen müsse, und solche Possen ohne Ende. Die *Welt, die Welt*, ihr Esel! ist das Problem der Philosophie, die Welt und sonst nichts!

Ein Weiser ist man nur unter der Bedingung, in einer Welt voll Narren zu leben.

Was macht den Philosophen? Der Mut, keine Frage auf dem Herzen zu behalten.

Die nähere Beschaffenheit des Erstaunens, welches zum Philosophieren treibt, entspringt offenbar aus dem Anblick des Übels und des Bösen in der Welt, welche, selbst wenn sie im gerechtesten Verhältnis zueinander ständen, ja auch noch vom Guten weit überwogen würden, dennoch etwas sind, was ganz und gar und überhaupt nicht sein sollte.

Solange wir uns rein anschauend verhalten, ist alles klar, fest und gewiß. Da gibt es weder Fragen noch Zweifel, noch Irren: man will nicht weiter, kann nicht weiter, hat Ruhe im Anschauen, Befriedigung in der Gegenwart. Die Anschauung ist sich selber genug; daher was rein aus ihr entsprungen und ihr treu geblieben ist, wie das echte Kunstwerk, niemals falsch sein noch durch irgendeine Zeit widerlegt werden kann: denn es gibt keine Meinung, sondern die Sache selbst. Aber mit der abstrakten Erkenntnis, mit der Vernunft, ist im Theoretischen der Zweifel und Irrtum, im Praktischen die Sorge und die Reue eingetreten. Wenn in der anschaulichen Vorstellung *der Schein* auf Augenblicke die Wirklichkeit entstellt, so kann in der abstrakten der *Irrtum* Jahrtausende herrschen, auf ganze Völker sein eisernes Joch werfen, die edelsten Regungen der Menschheit ersticken und selbst den, welchen zu täuschen er nicht vermag, durch seine Sklaven, seine Getäuschten, in Fesseln legen lassen. Er ist der Feind, gegen welchen die weisesten Geister aller Zeiten den ungleichen Kampf unterhielten, und nur was sie ihm abgewannen, ist Eigentum der Menschheit geworden. Daher ist es gut, sogleich auf ihn aufmerksam zu machen, indem wir den Boden betreten, auf welchem sein Gebiet liegt. Obwohl oft gesagt worden, daß man der Wahrheit nachspüren soll, auch wo kein Nutzen von ihr abzusehn, weil dieser mittelbar sein und hervortreten kann, wo man ihn nicht erwartet; so finde ich hier doch noch hinzuzusetzen, daß man auch ebensosehr bestrebt sein soll, jeden Irrtum aufzudecken und auszurotten, auch wo kein Schaden von ihm abzusehn, weil auch dieser sehr mittelbar sein und einst hervortreten kann, wo man ihn nicht erwartet: denn jeder Irrtum trägt ein Gift in seinem Innern. Ist es der Geist, ist es die Erkenntnis, welche den Menschen zum Herrn der Erde macht; so gibt es keine unschädlichen Irrtümer, noch weniger ehrwürdige, heilige Irrtümer. Und zum Trost derer, welche dem edlen und so schweren Kampf gegen den Irrtum, in irgendeiner Art und Angelegenheit, Kraft und Leben widmen, kann ich mich nicht entbrechen, hier hinzuzusetzen, daß zwar solange, als die Wahrheit noch nicht dasteht, der Irrtum sein Spiel treiben kann, wie Eulen und Fledermäuse in der Nacht; aber eher mag man erwarten, daß Eulen und Fledermäuse die Sonne zurück in den Osten scheuchen werden, als daß die erkannte und deutlich und vollständig ausgesprochene Wahrheit wieder verdrängt werde, damit der alte Irrtum seinen breiten Platz nochmals ungestört einnehme. Das ist die Kraft der Wahrheit, deren Sieg schwer und mühsam, aber dafür, wenn einmal errungen, ihr nicht mehr zu entreißen ist.

Die Welt als Wille und Vorstellung

Mein Werk also ist ein neues philosophisches System: aber neu im ganzen Sinn des Worts: nicht neue Darstellung des schon Vorhandenen: sondern eine im höchsten Grad zusammenhängende Gedankenreihe, die bisher noch nie in irgendeines Menschen Kopf gekommen. Das Buch, in welchem ich das schwere Geschäft, sie andern verständlich mitzuteilen ausgeführt habe, wird, meiner festen Überzeugung nach, eines von denen sein, welche nachher die Quelle u. der Anlaß von hundert andern Büchern werden. Jene Gedankenreihe war, dem Wesentlichen nach, schon vor 4 Jahren in meinem Kopfe vorhanden: aber um sie zu entwickeln u. sie durch unzählige Aufsätze u. Studien mir selber vollkommen deutlich zu machen, bedurfte es ganzer 4 Jahre, in welchen ich mich ausschließlich damit u. mit den dazugehörigen Studien fremder Werke beschäftigt habe. Vor einem Jahre fing ich an, das Ganze in zusammenhängendem Vortrag für andre faßlich zu machen, u. bin damit eben jetzt fertig geworden. Dieser Vortrag selbst ist gleich fern von dem hochtönenden, leeren u. sinnlosen Wortschwall der neuen philosophischen Schule und vom breiten platten Geschwätze der Periode vor Kant: er ist im höchsten Grade deutlich, faßlich, dabei energisch und ich darf wohl sagen nicht ohne Schönheit: nur wer echte eigene Gedanken hat, hat echten Stil. Der Wert, den ich auf meine Arbeit lege, ist sehr groß: denn ich betrachte sie als die ganze Frucht meines Daseins. Der Eindruck nämlich, welchen auf einen individuellen Geist die Welt macht, und der Gedanke, durch welchen der Geist, nach erhaltener Bildung, auf jenen Eindruck reagiert, ist allemal nach zurückgelegtem dreißigsten Jahre da, vorhanden u. geschehn: alles Spätere sind nur Entwicklungen u. Variationen desselben. Ist nun diese Reaktion, dieser Gedanke, ein vom gewöhnlichen, wie er sich täglich in Millionen Individuen wiederholt, verschiedener u. wirklich eigentümlicher; so kann nun auch das Werk, in welchem er sich ausspricht u. mitteilt, sogleich vollendet werden, sobald nur ein günstiges Geschick die Muße, die innere u. äußere Ruhe dazu gibt. Dies ist nun, wie ich glaube, mein Fall gewesen …

»Die Welt ist meine Vorstellung« – dies ist eine Wahrheit, welche in Beziehung auf jedes lebende und erkennende Wesen gilt; wiewohl der Mensch allein sie in das reflektierte abstrakte Bewußtsein bringen kann: und tut er dies wirklich; so ist die philosophische Besonnenheit bei ihm eingetreten. Es wird ihm dann deutlich und gewiß, daß er keine Sonne kennt und keine Erde; sondern immer nur ein Auge, das eine Sonne sieht, eine Hand, die eine Erde fühlt; daß die Welt, welche ihn umgibt, nur als Vorstellung da ist, d.h. durchweg nur in Beziehung auf ein Anderes, das Vorstellende, welches er selbst ist. – Wenn irgendeine Wahrheit *a priori* ausgesprochen werden kann, so ist es diese: denn sie ist die Aussage derjenigen Form aller möglichen und erdenklichen Erfahrung, welche allgemeiner als alle andern, als Zeit, Raum und Kausalität ist: denn alle diese setzen jene eben schon voraus, und wenn jede dieser Formen, welche alle wir als so viele besondere Gestaltungen des Satzes vom Grunde erkannt haben, nur für eine besondere Klasse von Vorstellungen gilt; so ist dagegen das Zerfallen in Objekt und Subjekt die gemeinsame Form aller jener Klassen, ist diejenige Form, unter welcher allein irgendeine Vorstellung, welcher Art sie auch sei, abstrakt oder intuitiv, rein oder empirisch nur überhaupt möglich und denkbar ist. Keine Wahrheit ist also gewisser, von allen andern unabhängiger und eines Beweises weniger bedürftig als diese, daß alles, was für die Erkenntnis da ist, also die ganze Welt, nur Objekt in Beziehung auf das Subjekt ist, Anschauung des Anschauenden, mit einem Wort, Vorstellung. Natürlich gilt dieses, wie von der Gegenwart, so auch von jeder Vergangenheit und jeder Zukunft, vom Fernsten wie vom Nahen: denn es gilt von Zeit und Raum selbst, in welchen allein sich dieses alles unterscheidet. Alles, was irgend zur Welt gehört und gehören kann, ist unausweichbar mit diesem Bedingtsein durch das Subjekt behaftet, und ist nur für das Subjekt da. Die Welt ist Vorstellung...

Was uns jetzt zum Forschen antreibt, ist eben, daß es uns nicht genügt zu wissen, daß wir Vorstellungen haben, daß sie solche und solche sind und nach diesen und jenen Gesetzen, deren allgemeiner Ausdruck allemal der Satz vom Grunde ist, zusammenhängen. Wir wollen die Bedeutung jener Vorstellungen wissen: wir fragen, ob diese Welt nichts weiter als Vorstellung sei; in welchem Falle sie wie ein wesenloser Traum, oder ein gespensterhaftes Luftgebilde, an uns vorüberziehn müßte, nicht unserer Beachtung wert; oder aber ob sie noch etwas anderes, noch etwas außerdem ist, und was sodann dieses sei. Soviel ist gleich gewiß, daß dieses Nachgefragte etwas von der Vorstellung völlig und seinem ganzen Wesen nach Grundverschiedenes sein muß, dem daher auch ihre Formen und ihre Gesetze völlig fremd sein müssen; daß man daher, von der Vorstellung aus, zu ihm nicht am Leitfaden derjenigen Gesetze gelangen kann, die nur Objekte, Vorstellungen, untereinander verbinden; welches die Gestaltungen des Satzes vom Grunde sind.

Wir sehen schon hier, daß von *außen* dem Wesen der Dinge nimmermehr beizukommen ist: wie immer man auch forschen mag, so gewinnt man nichts als Bilder und Namen. Man gleicht einem, der um ein Schloß herumgeht, vergeblich einen Eingang suchend und einstweilen die Fassaden skizzierend. Und doch ist dies der Weg, den alle Philosophen vor mir gegangen sind.

In der Tat würde die nachgeforschte Bedeutung der mir lediglich als meine Vorstellung gegenüberstehenden Welt, oder der Übergang von ihr, als bloßer Vorstellung des erkennenden Subjekts, zu dem, was sie noch außerdem sein mag, nimmermehr zu finden sein, wenn der Forscher selbst nichts weiter als das rein erkennende Subjekt (geflügelter Engelskopf ohne Leib) wäre. Nun aber wurzelt er selbst in jener Welt, findet sich nämlich in ihr als *Individuum,* d. h., sein Erkennen, welches der bedingende Träger der ganzen Welt als Vorstellung ist, ist dennoch durchaus vermittelt durch einen Leib, dessen Affektionen, wie gezeigt, dem Verstande der Ausgangspunkt der Anschauung jener Welt sind. Dieser Leib ist dem rein erkennenden Subjekt als solchem eine Vorstellung wie jede andere, ein Objekt unter Objekten: die Bewegung, die Aktionen desselben sind ihm insoweit nicht anders als wie die Veränderungen aller andern anschaulichen Objekte bekannt, und wären ihm ebenso fremd und unverständlich, wenn die Bedeutung derselben ihm nicht etwa auf eine ganz andere Art enträtselt wäre. Sonst sähe er sein Handeln auf dargebotene Motive mit der Konstanz eines Naturgesetzes erfolgen, eben wie die Veränderungen anderer Objekte auf Ursachen, Reize, Motive. Er würde aber den Einfluß der Motive nicht näher verstehn als die Verbindung jeder anderen ihm erscheinenden Wirkung mit ihrer Ursache. Er würde dann das innere, ihm unverständliche Wesen jener Äußerungen und Handlungen seines Leibes, eben auch eine Kraft, eine Qualität oder einen Charakter, nach Belieben nennen, aber weiter keine Einsicht darein haben. Diesem allen nun aber ist nicht so: vielmehr ist dem als Individuum erscheinenden Subjekt des Erkennens das Wort des Rätsels gegeben: und dieses Wort heißt *Wille*. Dieses, und dieses allein gibt ihm den Schlüssel zu seiner eigenen Erscheinung, offenbart ihm die Bedeutung, zeigt ihm das innere Getriebe seines Wesens, seines Tuns, seiner Bewegungen. Dem Subjekt des Erkennens, welches durch seine Identität mit dem Leibe als Individuum auftritt, ist dieser Leib auf zwei ganz verschiedene Weisen gegeben: einmal als Vorstellung in verständiger Anschauung, als Objekt unter Objekten, und den Gesetzen dieser unterworfen; sodann aber auch zugleich auf eine ganz andere Weise, nämlich als jenes jedem unmittelbar Bekannte, welches das Wort *Wille* bezeichnet. Jeder wahre Akt seines Willens ist sofort und unausbleiblich auch eine Bewegung seines Leibes: er kann den Akt nicht wirklich wollen, ohne zugleich wahrzunehmen, daß er als Bewegung des Leibes erscheint. Der Willensakt und die Aktion des Leibes sind nicht zwei objektiv erkannte verschiedene Zustände, die das Band der Kausalität verknüpft, stehn nicht im Verhältnis der Ursache und Wirkung; sondern sie sind eines und dasselbe, nur auf zwei gänzlich verschiedene Weisen gegeben: einmal ganz unmittelbar und einmal in der Anschauung für den Verstand. Die Aktion des Leibes ist nichts anderes als der objektivierte, d. h. in die Anschauung getretene Akt des Willens. Weiterhin wird sich uns zeigen, daß dieses von jeder Bewegung des Leibes gilt, nicht bloß von der auf Motive, sondern auch von der auf bloße Reize erfolgenden unwillkürlichen, ja, daß der ganze Leib nichts anderes als der objektivierte, d. h. zur Vorstellung gewordene Wille ist; welches alles sich im weitern Verfolg ergeben und deutlich werden wird. Ich werde daher den Leib, welchen ich nach dem mit Absicht einseitig genommenen Standpunkt (dem der Vorstellung) das *unmittelbare Objekt* hieß, hier, in einer andern Rücksicht, die *Objektität* [Sichtbarkeit] *des Willens* nennen.

Bisher subsumierte man den Begriff *Wille* unter den Begriff *Kraft*: dagegen mache ich es gerade umgekehrt und will jede Kraft in der Natur als Wille gedacht wissen. Man glaube ja nicht, daß dies Wortstreit oder gleichgültig sei: vielmehr ist es von der allerhöchsten Bedeutsamkeit und Wichtigkeit. Denn dem Begriffe *Kraft* liegt, wie allen anderen, zuletzt die anschauliche Erkenntnis der objektiven Welt, d. h. die Erscheinung, die Vorstellung, zum Grunde, und daraus ist er geschöpft. Er ist aus dem Gebiet abstrahiert, wo Ursache und Wirkung herrscht, also aus der anschaulichen Vorstellung, und bedeutet eben das Ursachsein der Ursache auf dem Punkt, wo es ätiologisch [ursächlich] durchaus nicht weiter erklärlich, sondern eben die notwendige Voraussetzung aller ätiologischen Erklärung ist. Hingegen der Begriff *Wille* ist der einzige, unter allen möglichen, welcher seinen Ursprung *nicht* in der Erscheinung, *nicht* in bloßer anschaulicher Vorstellung hat, sondern aus dem Innern kommt, aus dem unmittelbarsten Bewußtsein eines jeden hervorgeht, in welchem dieser sein eigenes Individuum, seinem Wesen nach, unmittelbar, ohne alle Form, selbst ohne die von Subjekt und Objekt, erkennt und zugleich selbst ist, da hier das Erkennende und das Erkannte zusammenfallen. Führen wir daher den Begriff der *Kraft* auf den des *Willens* zurück, so haben wir in der Tat ein Unbekannteres auf ein unendlich Bekannteres, ja auf das einzige uns wirklich unmittelbar und ganz und gar Bekannte zurückgeführt und unsere Erkenntnis um ein sehr großes erweitert.

Es bleibt uns noch der letzte Schritt zu tun übrig, die Ausdehnung unserer Betrachtungsweise auch auf alle jene Kräfte, welche in der Natur nach allgemeinen, unveränderlichen Gesetzen wirken, denen gemäß die Bewegungen aller der Körper erfolgen, welche, ganz ohne Organe, für den Reiz keine Empfänglichkeit und für das Motiv keine Erkenntnis haben. Wir müssen also den Schlüssel zum Verständnis des Wesens an sich der Dinge, welchen uns die unmittelbare Erkenntnis unseres eigenen Wesens allein geben konnte, auch an diese Erscheinungen der unorganischen Welt legen, die von allen im weitesten Abstande von uns stehn. – Wenn wir sie nun mit forschendem Blicke betrachten, wenn wir den gewaltigen, unaufhaltsamen Drang sehen, mit dem die Gewässer der Tiefe zueilen, die Beharrlichkeit, mit welcher der Magnet sich immer wieder zum Nordpol wendet, die Sehnsucht, mit dem das Eisen zu ihm fliegt, die Heftigkeit, mit welcher die Pole der Elektrizität zur Wiedervereinigung streben und welche, gerade wie die der menschlichen Wünsche, durch Hindernisse gesteigert wird; wenn wir den Kristall schnell und plötzlich anschießen sehen, mit soviel Regelmäßigkeit der Bildung, die offenbar nur eine von Erstarrung ergriffene und festgehaltene ganz entschiedene und genau bestimmte Bestrebung nach verschiedenen Richtungen ist; wenn wir die Auswahl bemerken, mit der die Körper, durch den Zustand der Flüssigkeit in Freiheit gesetzt und den Banden der Starrheit entzogen, sich suchen und fliehn, vereinigen und trennen; wenn wir endlich ganz unmittelbar fühlen, wie eine Last, deren Streben zur Erdmasse unser Leib hemmt, auf diesen unablässig drückt und drängt, ihre einzige Bestrebung verfolgend – so wird es uns keine große Anstrengung der Einbildungskraft kosten, selbst aus so großer Entfernung unser eigenes Wesen wiederzuerkennen, jenes Nämliche, das in uns beim Lichte der Erkenntnis seine Zwecke verfolgt, hier aber, in den schwächsten seiner Erscheinungen, nur blind, dumpf, einseitig und unveränderlich strebt, jedoch, weil es überall eines und dasselbe ist – so gut wie die erste Morgendämmerung mit den Strahlen des vollen Mittags den Namen des Sonnenlichts teilt –, auch hier wie dort den Namen Wille führen muß, welcher das bezeichnet, was das Sein an sich jedes Dinges in der Welt und der alleinige Kern jeder Erscheinung ist …

Spinoza sagt, daß der durch einen Stoß in die Luft fliegende Stein, wenn er Bewußtsein hätte, meinen würde, aus seinem eigenen Willen zu fliegen. Ich setze nur noch hinzu, daß der Stein recht hätte. Der Stoß ist für ihn, was für mich das Motiv, und was bei ihm als Kohäsion, Schwere, Beharrlichkeit im angenommenen Zustande erscheint, ist, dem innern Wesen nach, dasselbe, was ich in mir als Willen erkenne und was, wenn auch bei ihm die Erkenntnis hinzuträte, auch er als Willen erkennen würde. Spinoza, an jener Stelle, hatte sein Augenmerk auf die Notwendigkeit, mit welcher der Stein fliegt, gerichtet und will sie, mit Recht, übertragen auf die Notwendigkeit des einzelnen Willensaktes einer Person. Ich hingegen betrachte das innere Wesen, welches aller realen Notwendigkeit (d. i. Wirkung aus Ursache), als ihre Voraussetzung, erst Bedeutung und Gültigkeit erteilt, beim Menschen Charakter, beim Stein Qualität heißt, in beiden aber dasselbe ist, da, wo es unmittelbar erkannt wird, *Wille* genannt, und welches im Stein den schwächsten, im Menschen den stärksten Grad der Sichtbarkeit, Objektität, hat…

Es ist unverständig, nach einer Ursache der Schwere, der Elektrizität zu fragen: dies sind ursprüngliche Kräfte, deren Äußerungen zwar nach Ursache und Wirkung vor sich gehen, so daß jede einzelne Erscheinung derselben eine Ursache hat, die selbst wieder eben eine solche einzelne Erscheinung ist und die Bestimmung gibt, daß hier jene Kraft sich äußern, in Zeit und Raum hervortreten mußte; keineswegs aber ist die Kraft selbst Wirkung einer Ursache noch auch Ursache einer Wirkung. Daher ist es auch falsch zu sagen: »Die Schwere ist Ursache, daß der Stein fällt«; vielmehr ist die Nähe der Erde hier die Ursache, indem diese den Stein zieht. Nehmt die Erde weg, und der Stein wird nicht fallen, obgleich die Schwere geblieben ist. Die Kraft selbst liegt ganz außerhalb der Kette der Ursachen und Wirkungen, welche die Zeit voraussetzt, indem sie nur in bezug auf diese Bedeutung hat: jene aber liegt auch außerhalb der Zeit. Die einzelne Veränderung hat immer wieder eine ebenso einzelne Veränderung, nicht aber die Kraft, zur Ursache, deren Äußerung sie ist. Denn das eben, was einer Ursache, so unzählige Male sie eintreten mag, immer die Wirksamkeit verleiht, ist eine Naturkraft, ist als solche *grundlos*, d. h. liegt ganz außerhalb der Kette der Ursachen und überhaupt des Gebietes des Satzes vom Grunde, und wird philosophisch erkannt als unmittelbare Objektität des Willens, der das An-sich der gesamten Natur ist; in der Ätiologie, hier Physik, aber nachgewiesen als ursprüngliche Kraft, d. i. *qualitas occulta* [verborgene Eigenschaft].

Der Kern und Hauptpunkt meiner Lehre, die eigentliche Metaphysik derselben, ist jene paradoxe Grundwahrheit, daß das, was *Kant* als *das Ding an sich* der bloßen *Erscheinung*, von mir entschiedener *Vorstellung* genannt, entgegensetzte und für schlechthin unerkennbar hielt, daß, sage ich, dieses Ding an sich, dieses Substrat aller Erscheinungen, mithin der ganzen Natur, nichts anderes ist als jenes uns unmittelbar Bekannte und sehr genau Vertraute, was wir im Innern unseres eigenen Selbst als *Willen* finden; daß demnach dieser *Wille*, weit davon entfernt, wie alle bisherigen Philosophen annahmen, von der *Erkenntnis* unzertrennlich und sogar ein bloßes Resultat derselben zu sein, von dieser, die ganz sekundär und späteren Ursprungs ist, grundverschieden und völlig unabhängig ist, folglich auch ohne sie bestehn und sich äußern kann, welches in der gesamten Natur, von der tierischen abwärts, wirklich der Fall ist; ja, daß dieser Wille, als das alleinige Ding an sich, das allein wahrhaft Reale, allein Ursprüngliche und Metaphysische, in einer Welt, wo alles übrige nur Erscheinung, d. h. bloße Vorstellung, ist, jedem Dinge, was immer es auch sein mag, die Kraft verleiht, vermöge deren es dasein und wirken kann; daß demnach nicht allein die willkürlichen Aktionen tierischer Wesen, sondern auch das organische Getriebe ihres belebten Leibes, sogar die Gestalt und Beschaffenheit desselben, ferner auch die Vegetation der Pflanzen und endlich selbst im unorganischen Reiche die Kristallisation und überhaupt jede ursprüngliche Kraft, die sich in physischen und chemischen Erscheinungen manifestiert, ja, die Schwere selbst – an sich und außer der Erscheinung, welches bloß heißt außer unserm Kopf und seiner Vorstellung, geradezu identisch sind mit dem, was wir in uns selbst als *Willen finden*, von welchem *Willen* wir die unmittelbarste und intimste Kenntnis haben, die überhaupt möglich ist; daß ferner die einzelnen Äußerungen dieses Willens in Bewegung gesetzt werden bei erkennenden, d. h. tierischen Wesen durch Motive, aber nicht minder im organischen Leben des Tieres und der Pflanze durch Reize, bei Unorganischen endlich durch bloße Ursachen im engsten Sinne des Worts; welche Verschiedenheit bloß die Erscheinung betrifft; daß hingegen die Erkenntnis und ihr Substrat, der Intellekt, ein vom Willen gänzlich verschiedenes, bloß sekundäres, nur die höheren Stufen der Objektivation des Willens begleitendes Phänomen sei, ihm selbst unwesentlich, von seiner Erscheinung im tierischen Organismus abhängig, daher physisch, nicht metaphysisch, wie er selbst; daß folglich nie von Abwesenheit der Erkenntnis geschlossen werden kann auf Abwesenheit des Willens, vielmehr dieser sich auch in allen Erscheinungen der erkenntnislosen, sowohl der vegetabilischen als der unorganischen Natur nachweisen läßt; also nicht, wie man bisher ohne Ausnahme annahm, Wille durch Erkenntnis bedingt sei, wiewohl Erkenntnis durch Wille.

Sieh dich doch um! Was da ruft »Ich, ich, ich will dasein«, das bist du nicht allein, sondern alles, durchaus alles, was nur eine Spur von Bewußtsein hat. Folglich ist dieser Wunsch in dir gerade das, was *nicht* individuell ist, sondern allen ohne Unterschied gemein. Er entspringt nicht aus der Individualität, sondern aus dem Dasein überhaupt, ist jedem, das da ist, wesentlich, ja ist das, *wodurch* es da ist, und wird demgemäß befriedigt durch das Dasein überhaupt, auf welches allein er sich bezieht; nicht aber ausschließlich durch irgendein bestimmtes, individuelles Dasein, da er auf ein solches gar nicht gerichtet ist, obgleich es jedesmal den Schein hiervon hat, weil er nicht anders als in einem individuellen Wesen zum Bewußtsein gelangen kann und deshalb jedesmal auf dieses allein sich zu beziehen scheint. Dies ist jedoch ein bloßer Schein, an welchem zwar die Befangenheit des Individuums klebt, den aber die Reflexion zerstören und uns davon befreien kann. Was nämlich so ungestüm das Dasein verlangt, ist bloß *mittelbar* das Individuum; unmittelbar und eigentlich ist es der Wille zum Leben überhaupt, welcher in allen einer und derselbe ist.

Vor allen Dingen muß man Wille von Willkür zu unterscheiden wissen und einsehn, daß jener ohne diese bestehn kann, was freilich meine ganze Philosophie voraussetzt. Willkür heißt der Wille da, wo ihn die Erkenntnis beleuchtet und daher Motive, also Vorstellungen, die ihn bewegenden Ursachen sind. Dies heißt, objektiv ausgedrückt, wo die Einwirkung von außen, welche den Akt verursacht, durch ein *Gehirn* vermittelt ist.

Was für ein unbändiges Roß Zügel und Gebiß ist, das ist für den Willen im Menschen der Intellekt: an diesem Zügel muß er gelenkt werden, mittels Belehrung, Ermahnung, Bildung usw.; da er an sich selbst ein so wilder, ungestümer Drang ist, wie die Kraft, die im herabstürzenden Wasserfall erscheint – ja, wie wir wissen, im tiefsten Grunde identisch mit dieser. Im höchsten Zorn, im Rausch, in der Verzweiflung hat er das Gebiß zwischen die Zähne genommen, ist durchgegangen und folgt seiner ursprünglichen Natur. In der Mania sine delirio [Wahnsinn ohne Tobsucht] hat er Zaum und Gebiß ganz verloren und zeigt nun am deutlichsten sein ursprüngliches Wesen und daß der Intellekt so verschieden von ihm ist wie der Zaum vom Pferde: auch kann man ihn in diesem Zustande der Uhr vergleichen, welche nach Wegnahme einer gewissen Schraube unaufhaltsam abschnurrt.

Wie sehr beschränkt und dürftig der normale menschliche Intellekt sei und wie gering die Klarheit des Bewußtseins, läßt sich daran ermessen, daß, ungeachtet der ephemeren Kürze des in endlose Zeit hineingeworfenen Menschenlebens, der Mißlichkeit unseres Daseins, der zahllosen, sich überall aufdringenden Rätsel, des bedeutsamen Charakters so vieler Erscheinungen und dabei des durchweg Ungenügenden des Lebens – dennoch nicht alle beständig und unablässig philosophieren, ja, nicht einmal viele, oder auch nur einige, nur wenige; nein, nur hin und wieder einer, nur die gänzlichen Ausnahmen. – Die übrigen leben in diesem Traum dahin, nicht so gar viel anders als die Tiere, von denen sie sich am Ende nur durch die Vorsorge auf einige Jahre im voraus unterscheiden. Für das sich bei ihnen etwa meldende metaphysische Bedürfnis ist von oben und zum voraus gesorgt, durch die Religionen; und diese, wie sie auch seien, genügen. – Indessen könnte es doch sein, daß im stillen viel mehr philosophiert wird, als es den Anschein hat; wenn es gleich auch danach ausfallen mag. Denn wahrhaftig eine mißliche Lage ist die unsrige! Eine Spanne Zeit zu leben, voll Mühe, Not, Angst und Schmerz, ohne im mindesten zu wissen, woher, wohin und wozu, und dabei nun doch die Pfaffen aller Farben, mit ihren respektiven *Offenbarungen* über die Sache, nebst Drohungen gegen Ungläubige.

Alle Religionen verheißen für die Vorzüge des Willens oder Herzens einen Lohn jenseits des Lebens, in der Ewigkeit; keine aber für die Vorzüge des Kopfes, des Verstandes. Die Tugend erwartet ihren Lohn in jener Welt; die Klugheit hofft ihn in dieser; das Genie weder in dieser noch in jener: es ist sein eigener Lohn. Demnach ist der Wille der ewige Teil, der Intellekt der zeitliche.

Wir klagen über die Dunkelheit, in der wir dahinleben, ohne den Zusammenhang des Daseins im Ganzen, zumal aber den unsers eigenen Selbst mit dem Ganzen zu verstehn; so daß nicht nur unser Leben kurz, sondern auch unsre Erkenntnis ganz auf dasselbe beschränkt ist; da wir weder über die Geburt zurück noch über den Tod hinaus sehn können, mithin unser Bewußtsein gleichsam nur ein Blitz ist, der augenblicklich die Nacht erhellt; demnach es wahrlich aussieht, als ob ein Dämon heimtückisch alles weitere Wissen uns verbaut hätte, um sich an unserer Verlegenheit zu weiden.

Diese Klage ist aber eigentlich nicht berechtigt: denn sie entsteht aus einer Illusion, welche herbeigeführt wird durch die falsche Grundansicht, daß das Ganze der Dinge von einem *Intellekt* ausgegangen, folglich als bloße *Vorstellung* dagewesen sei, ehe es wirklich geworden; wonach es, als aus der Erkenntnis entsprungen, auch der Erkenntnis ganz zugänglich, ergründlich und durch sie erschöpfbar sein müßte. – Aber, der Wahrheit nach, möchte es vielmehr sich so verhalten, daß alles das, was wir nicht zu wissen uns beklagen, von niemandem gewußt werde, ja wohl gar an sich selbst gar nicht wißbar, d. h. nicht vorstellbar, sei. Denn die *Vorstellung*, in deren Gebiet alles Erkennen liegt und auf die daher alles Wissen sich bezieht, ist nur die äußere Seite des Daseins, ein Sekundäres, Hinzugekommenes, nämlich etwas, das nicht zur Erhaltung der Dinge überhaupt, also des Weltganzen, nötig war, sondern bloß zur Erhaltung der einzelnen tierischen Wesen. Daher tritt das Dasein der Dinge überhaupt und im Ganzen nur per accidens, mithin sehr beschränkter Weise, in die Erkenntnis: es bildet nur den Hintergrund des Gemäldes im animalischen Bewußtsein, als wo die Objekte des Willens das Wesentliche sind und den ersten Rang einnehmen. Nun entsteht zwar, mittels dieses Accidens, die ganze

Welt in Raum und Zeit, d.h. die Welt als Vorstellung, als welche außerhalb der Erkenntnis ein derartiges Dasein gar nicht hat; deren inneres Wesen hingegen, das an sich Existierende, von einem solchen Dasein aber auch ganz unabhängig ist. Da nun also, wie gesagt, die Erkenntnis nur zum Behuf der Erhaltung jedes tierischen Individui da ist; so ist auch ihre ganze Beschaffenheit, alle ihre Formen, wie Zeit, Raum usw., bloß auf die Zwecke eines solchen eingerichtet; diese nun erfordern bloß die Erkenntnis von Verhältnissen zwischen einzelnen Erscheinungen, keineswegs aber die vom Wesen der Dinge und dem Weltganzen.

Kant hat nachgewiesen, daß die Probleme der Metaphysik, welche jeden, mehr oder weniger, beunruhigen, keiner direkten, überhaupt keiner genügenden Lösung fähig seien. Dies nun aber beruht im letzten Grunde darauf, daß sie ihren Ursprung in den Formen unsers Intellekts, Zeit, Raum und Kausalität, haben, während dieser Intellekt bloß die Bestimmung hat, dem individuellen Willen seine Motive vorzuschieben, d.h. die Gegenstände seines Wollens, nebst den Mitteln und Wegen, sich ihrer zu bemächtigen, ihm zu zeigen. Wird jedoch dieser Intellekt abusive auf das Wesen an sich der Dinge, auf das Ganze und den Zusammenhang der Welt gerichtet; so gebären die besagten, ihm anhängenden Formen des Neben-, Nach- und Durcheinanders aller irgend möglichen Dinge ihm die metaphysischen Probleme, wie etwa vom Ursprung und Zweck, Anfang und Ende der Welt und des eigenen Selbst, von der Vernichtung dieses durch den Tod oder dessen Fortdauer trotz demselben, von der Freiheit des Willens u. dgl. m. – Denken wir uns nun aber jene Formen einmal aufgehoben und dennoch ein Bewußtsein von den Dingen vorhanden; so würden diese Probleme nicht etwa gelöst, sondern ganz verschwunden sein und ihr Ausdruck keinen Sinn mehr haben. Denn sie entspringen ganz und gar aus jenen Formen, mit denen es gar nicht auf ein Verstehn der Welt und des Daseins, sondern bloß auf ein Verstehn unserer persönlichen Zwecke abgesehn ist.

Der Grundzug meiner Lehre, welcher sie zu allen je dagewesenen in Gegensatz stellt, ist die gänzliche Sonderung des Willens von der Erkenntnis, welche beide alle mir vorhergegangenen Philosophen als unzertrennlich, ja, den Willen als durch die Erkenntnis, die der Grundstoff unseres geistigen Wesens sei, bedingt und sogar meistens als eine bloße Funktion derselben angesehn haben. Jene Trennung aber, jene Zersetzung des so lange unteilbar gewesenen Ichs oder Seele in zwei heterogene Bestandteile ist für die Philosophie das, was die Zersetzung des Wassers für die Chemie gewesen ist; wenn dies auch erst spät erkannt werden wird. Bei mir ist das Ewige und Unzerstörbare im Menschen, welches daher auch das Lebensprinzip in ihm ausmacht, nicht die Seele, sondern, mir einen chemischen Ausdruck zu gestatten, das Radikal der Seele, und dieses ist der Wille. Die sogenannte Seele ist schon zusammengesetzt: Sie ist die Verbindung des Willens mit dem Intellekt. Dieser Intellekt ist das Sekundäre, ist das Posterius des Organismus und, als eine bloße Gehirnfunktion, durch diesen bedingt. Der Wille hingegen ist primär, ist das Prius des Organismus und dieser durch ihn bedingt. Denn der Wille ist dasjenige Wesen an sich, welches erst in der Vorstellung (jener bloßen Gehirnfunktion) sich als ein solcher organischer Leib darstellt: nur vermöge der Formen der Erkenntnis (oder Gehirnfunktion), als nur in der Vorstellung, ist der Leib eines jeden ihm als ein Ausgedehntes, Gegliedertes, Organisches gegeben, nicht außerdem, nicht unmittelbar im Selbstbewußtsein. Wie die Aktionen des Leibes nur die in der Vorstellung sich abbildenden einzelnen Akte des Willens sind, so ist auch ihr Substrat, die Gestalt dieses Leibes, sein Bild im Ganzen: daher ist in allen organischen Funktionen des Leibes, ebensogut wie in seinen äußeren Aktionen, der Wille das agens.

Der Aufbau des Wirklichen

Jedes Organ ist anzusehn als der Ausdruck einer universalen, d. h. ein für allemal gemachten Willensäußerung, einer fixierten Sehnsucht, eines Willensaktes nicht des Individuums, sondern der Spezies. Jede Tiergestalt ist eine von den Umständen hervorgerufene Sehnsucht des Willens zum Leben: z.B. ihn ergriff die Sehnsucht, auf Bäumen zu leben, an ihren Zweigen zu hängen, von ihren Blättern zu zehren, ohne Kampf mit andern Tieren und ohne je den Boden zu betreten: dieses Sehnen stellt sich, endlose Zeit hindurch, dar in der Gestalt (platonischen Idee) des Faultiers. Gehn kann es fast gar nicht, weil es nur auf Klettern berechnet ist: hilflos auf dem Boden, ist es behend auf den Bäumen und sieht selbst aus wie ein bemooster Ast, damit kein Verfolger seiner gewahr werde...

Demnach mußte jede Erscheinung sich den Umgebungen, in die sie eintrat, anpassen, diese aber wieder auch jener, wenn solche gleich in der Zeit eine viel spätere Stelle einnimmt; und überall sehn wir diesen consensus naturae [diese Übereinstimmung der Natur]. Angemessen darum ist jede Pflanze ihrem Boden und Himmelsstrich, jedes Tier seinem Element und der Beute, die seine Nahrung werden soll, ist auch irgendwie einigermaßen geschützt gegen seine natürlichen Verfolger; angemessen ist das Auge dem Licht und seiner Brechbarkeit, die Lunge und das Blut der Luft, die Schwimmblase dem Wasser, das Auge des Seehundes dem Wechsel seines Mediums, die wasserhaltigen Zellen im Magen des Kamels der Dürre afrikanischer Wüsten, das Segel des Nautilus dem Winde, der sein Schiffchen treiben soll, und so bis auf die speziellsten und erstaunlichsten äußern Zweckmäßigkeiten herab...

Wer sieht nicht, daß die Gestalt des Ameisenbären sich zu den Termiten verhält wie ein Willensakt zu seinem Motiv?... Der Hals der Vögel wie der Quadrupeden [Vierfüßer] ist in der Regel so lang wie ihre Beine, damit sie ihr Futter von der Erde erreichen können; aber bei den Schwimmvögeln oft viel länger, weil diese schwimmend ihre Nahrung unter der Wasserfläche hervorholen. Sumpfvögel haben unmäßig hohe Beine, um waten zu können, ohne zu ertrinken oder naß zu werden, und demgemäß Hals und Schnabel sehr lang, letzteren stark oder schwach, je nachdem er Reptilien, Fische oder Gewürme zu zermalmen hat, und dem entsprechen auch stets die Eingeweide: dagegen haben die Sumpfvögel weder Krallen wie die Raubvögel noch Schwimmhäute wie die Enten: denn die lex parsimoniae naturae [das Gesetz der Sparsamkeit der Natur] gestattet kein überflüssiges Organ. Gerade dieses Gesetz, zusammengenommen damit, daß andererseits keinem Tier je ein Organ abgeht, welches seine Lebensweise erfordert, sondern alle, auch die verschiedenartigsten, übereinstimmen und wie berechnet sind auf eine ganz speziell bestimmte Lebensweise, auf das Element, in welchem sein Raub sich aufhält, auf das Verfolgen, auf das Besiegen, auf das Zermalmen und Verdauen desselben, beweist, daß die Lebensweise, die das Tier, um seinen Unterhalt zu finden, führen wollte, es war, die seinen Bau bestimmte – nicht aber umgekehrt; und daß die Sache gerade so ausgefallen ist, wie wenn eine Erkenntnis der Lebensweise und ihrer äußeren Bedingungen dem Bau vorausgegangen wäre und jedes Tier demgemäß sich sein Rüstzeug ausgewählt hätte, ehe es sich verkörperte; nicht anders als wie ein Jäger, ehe er ausgeht, sein gesamtes Rüstzeug, Flinte, Schrot, Pulver, Jagdtasche, Hirschfänger und Kleidung gemäß dem Wilde wählt, welches er erlegen will: er schießt nicht auf die wilde Sau, weil er eine Büchse trägt, sondern er nahm die Büchse und nicht die Vogelflinte, weil er auf wilde Säue ausging: und der Stier stößt nicht, weil er eben Hörner hat, sondern weil er stoßen will, hat er Hörner. Nun kommt aber, den Beweis zu ergänzen, noch hinzu, daß bei vielen Tieren, während sie noch im Wachstum begriffen sind, die Willensbestrebung, der ein Glied dienen soll, sich äußert, ehe noch das Glied selbst vorhanden ist, und also sein Gebrauch seinem Dasein vorhergeht. So stoßen junge Böcke, Widder, Kälber mit dem bloßen Kopf, ehe sie noch Hörner haben: der junge Eber haut an den Seiten um sich, während die Hauer, welche der beabsichtigten Wirkung entsprächen, noch fehlen; hingegen braucht er nicht die kleineren Zähne, welche er schon im Maule hat und mit denen er wirklich beißen könnte. Also seine Verteidigungsart richtet sich nicht nach der vorhandenen Waffe, sondern umgekehrt …

Wir erhalten hierdurch die vollkommene Gewißheit, daß der Wille nicht durch ein Hinzugekommenes, etwa aus der Erkenntnis Hervorgegangenes die Werkzeuge benutzt, die er gerade vorfindet, die Teile gebraucht, weil eben sie und keine andern da sind, sondern daß das erste und ursprüngliche das Streben ist, auf diese Weise zu leben, auf solche Art zu kämpfen; welches Streben sich darstellt nicht nur im Gebrauch, sondern schon im Dasein der Waffe, so sehr, daß jener oft diesem vorhergeht und dadurch anzeigt, daß, weil das Streben da ist, die Waffe sich einstellt, nicht umgekehrt: und so mit jedem Teil überhaupt…

Man betrachte die zahllosen Gestalten der Tiere. Wie ist doch jedes durchweg nur das Abbild seines Wollens, der sichtbare Ausdruck der Willensbestrebungen, die seinen Charakter ausmachen. Von dieser Verschiedenheit der Charaktere ist die der Gestalten bloß das Bild. Die reißenden, auf Kampf und Raub gerichteten Tiere stehn mit furchtbarem Gebiß und Klauen und mit starken Muskeln da: ihr Gesicht dringt in die Ferne, zumal wenn sie wie Adler und Kondor aus schwindelnder Höhe ihre Beute zu erspähen haben. Die furchtsamen, welche ihr Heil nicht im Kampfe, sondern in der Flucht zu suchen den Willen haben, sind statt aller Waffen mit leichten schnellen Beinen und scharfem Gehör aufgetreten, welches beim furchtsamsten unter ihnen, dem Hasen, sogar die auffallende Verlängerung des äußeren Ohres erfordert hat. Dem Äußeren entspricht das Innere: die Fleischfresser haben kurze Gedärme, die Grasfresser lange, zu einem längeren Assimilationsprozeß; großer Muskelkraft und Irritabilität sind starke Respiration und rascher Blutumlauf, durch angemessene Organe repräsentiert, als notwendige Bedingungen beigesellt; und ein Widerspruch ist nirgends möglich. Jedes besondere Streben des Willens stellt sich in einer besonderen Modifikation der Gestalt dar. *Daher bestimmte der Aufenthaltsort der Beute die Gestalt des Verfolgers:* hat nun jene sich in schwer zugängliche Elemente, in ferne Schlupfwinkel, in Nacht und Dunkel zurückgezogen, so nimmt der Verfolger die dazu passende Gestalt an, und da ist keine so grotesk, daß nicht der Wille zum Leben, um seinen Zweck zu erreichen, darin aufträte.

Als die niedrigste Stufe der Objektivation des Willens stellen sich die allgemeinen Kräfte der Natur dar, welche teils in jeder Materie ohne Ausnahme erscheinen, wie Schwere, Undurchdringlichkeit, teils sich untereinander in die überhaupt vorhandene Materie geteilt haben, so daß einige über diese, andere über jene ebendadurch spezifisch verschiedene Materie herrschen, wie Starrheit, Flüssigkeit, Elastizität, Elektrizität, Magnetismus, chemische Eigenschaften und Qualitäten jeder Art. Sie sind an sich unmittelbare Erscheinungen des Willens, so gut wie das Tun des Menschen, sind als solche grundlos wie der Charakter des Menschen, nur ihre einzelnen Erscheinungen sind dem Satz vom Grund unterworfen, wie die Handlungen des Menschen, sie selbst hingegen können niemals weder Wirkung noch Ursache heißen, sondern sind die vorhergegangenen und vorausgesetzten Bedingungen aller Ursachen und Wirkungen, durch welche ihr eigenes Wesen sich entfaltet und offenbart.

Das Leben der Pflanzen geht auf im bloßen *Dasein*. Demnach ist sein Genuß ein rein und absolut subjektives, dumpfes Behagen. Bei den Tieren tritt Erkenntnis hinzu, doch bleibt sie gänzlich auf Motive, und zwar die nächsten, beschränkt. Daher finden auch sie im bloßen Dasein ihre volle Befriedigung, und es reicht zu, ihr Leben auszufüllen. Sie können demnach viele Stunden ganz untätig zubringen, ohne

Unbehagen oder Ungeduld zu empfinden, obschon sie nicht denken, sondern bloß anschauen. Nur in den allerklügsten Tieren, wie Hunden und Affen, macht sich schon das Bedürfnis der Beschäftigung und somit die Langeweile fühlbar, daher sie gern spielen, auch wohl sich mit Gaffen nach den Vorübergehenden unterhalten, wodurch sie schon in eine Klasse mit den menschlichen Fenstergaffern treten, die uns allerorten entgegenstarren.

Auf den oberen Stufen der Objektivität des Willens sehen wir die Individualität bedeutend hervortreten, besonders beim Menschen, als die große Verschiedenheit individueller Charaktere, d. h. als vollständige Persönlichkeit, schon äußerlich ausgedrückt durch stark gezeichnete individuelle Physiognomie, welche die gesamte Korporisation mitbegreift. Diese Individualität hat bei weitem in solchem Grade kein Tier, sondern nur die obern Tiere haben einen Anstrich davon, über den jedoch der Gattungscharakter noch ganz und gar vorherrscht, und ebendeshalb auch nur wenig Individualphysiognomie. Je weiter abwärts, desto mehr verliert sich jede Spur von Individualcharakter in den allgemeinen der Spezies, deren Physiognomie auch allein übrigbleibt.

Der Mensch, als die vollkommenste Objektivation des Willens zum Leben, ist auch das bedürftigste unter allen Wesen. Er ist konkretes Wollen und Bedürfen durch und durch, ist ein Konkrement [eine Zusammenballung] von tausend Bedürfnissen. Mit diesen steht er auf der Erde, sich selber überlassen, über alles in Ungewißheit, nur nicht über seine Bedürftigkeit und seine Not. Demgemäß füllt die Sorge für die

Erhaltung jenes Daseins unter so schweren, sich jeden Tag von neuem meldenden Forderungen in der Regel das ganze Menschenleben aus. An sie knüpft sich sodann unmittelbar die zweite Anforderung, die der Fortpflanzung des Geschlechts. Zugleich bedrohen ihn von allen Seiten die verschiedenartigsten Gefahren, denen zu entgehen es beständiger Wachsamkeit bedarf. Mit behutsamem Schritt und ängstlichem Umherspähen verfolgt er seinen Weg; denn tausend Zufälle und tausend Feinde lauern ihm auf. So ging er in der Wildnis, und so geht er im zivilisierten Leben. Es gibt für ihn keine Sicherheit.

So sehn wir in der Natur überall Streit, Kampf und Wechsel des Sieges und werden ebendarin weiterhin die dem Willen wesentliche Entzweiung mit sich selbst deutlicher erkennen. Jede Stufe der Objektivation des Willens macht der andern die Materie, den Raum, die Zeit streitig. Beständig muß die beharrende Materie die Form wechseln, indem am Leitfaden der Kausalität mechanische, physische, chemische, organische Erscheinungen, sich gierig zum Hervortreten drängend, einander die Materie entreißen, da jede ihre Idee offenbaren will. Durch die gesamte Natur läßt sich dieser Streit verfolgen, ja, sie besteht eben wieder nur durch ihn ... ist doch dieser Streit selbst nur die Offenbarung der dem Willen wesentlichen Entzweiung mit sich selbst. Die deutlichste Sichtbarkeit erreicht dieser allgemeine Kampf in der Tierwelt, welche die Pflanzenwelt zu ihrer Nahrung hat und in welcher selbst wieder jedes Tier die Beute und Nahrung eines andern wird, d.h. die Materie, in welcher seine Idee sich darstellte, zur Darstellung einer andern abtreten muß, indem jedes Tier sein Dasein nur durch die beständige Aufhebung eines fremden erhalten kann; sodaß der Wille zum Leben durchgängig an sich selber zehrt und in verschiedenen Gestalten seine eigene Nahrung ist, bis zuletzt das Menschengeschlecht, weil es alle anderen überwältigt, die Natur für ein Fabrikat zu seinem Gebrauch ansieht, dasselbe Geschlecht jedoch auch, wie wir an anderer Stelle sehn werden, in sich selbst jenen Kampf, jene Selbstentzweiung des Willens zur furchtbarsten Deutlichkeit offenbart und homo homini lupus [der Mensch dem Menschen ein Wolf] wird. Inzwischen werden wir denselben Streit, dieselbe Überwältigung ebensowohl auf den niedrigen Stufen der Objektivität des Willens wiedererkennen. Viele Insekten (besonders die Ichneumoniden) legen ihre Eier auf die Haut, ja in den Leib der Larven anderer Insekten, deren langsame Zerstörung das erste Werk der auskriechenden Brut ist. Der junge Armpolyp, der aus dem alten als ein Zweig herauswächst und sich später von ihm abtrennt, kämpft, während er noch an jenem festsitzt, schon mit ihm um die sich darbietende Beute, so daß einer sie dem andern aus dem Maule reißt. In dieser Art liefert aber das grellste Beispiel die Bulldogs-Ameise (bulldog-ant) in Australien: nämlich wenn man sie durchschneidet, beginnt ein Kampf zwischen dem Kopf- und dem Schwanzteil: jener greift diesen mit seinem Gebiß an, und dieser wehrt sich tapfer, durch Stechen auf jenen: der Kampf pflegt eine halbe Stunde zu dauern, bis sie sterben oder von andern Ameisen weggeschleppt werden. Der Vorgang findet jedesmal statt. An den Ufern des Missouri sieht man bisweilen eine mächtige Eiche von einer riesenhaften wilden Weinrebe, am Stamm und allen Ästen, so umwunden, gefesselt und geschnürt, daß sie, wie erstickt, verwelken muß. Dasselbe zeigt sich sogar auf den niedrigsten Stufen, z.B. wo durch organische Assimilation Wasser und Kohle in Pflanzensaft oder Pflanze oder Brot in Blut verwandelt wird, und so überall, wo mit Beschränkung der chemischen Kräfte auf eine untergeordnete Wirkungsart animalische Sekretion vor sich geht; dann auch in der unorganischen Natur, wenn z.B. anschießende Kristalle sich begegnen, kreuzen und gegenseitig so stören, daß sie nicht die rein auskristallisierte Form zeigen können, wie denn fast jede Druse das Abbild eines solchen Streites des Willens auf jener so niedrigen Stufe seiner Objektivation ist; oder auch wenn ein Magnet dem Eisen die Magnetizität aufzwingt, um seine Idee auch hier darzustellen; oder auch wenn der Galvanismus die Wahlverwandtschaften überwältigt, die festesten Verbindungen zersetzt, die chemischen Gesetze so sehr aufhebt, daß die Säure eines am negativen Pol zersetzten Salzes zum positiven Pol muß, ohne mit den Alkalien, durch die sie unterwegs geht, sich verbinden oder nur den Lakmus, welchen sie antrifft, röten zu dürfen. Im großen zeigt es sich in dem Verhältnis zwischen Zentralkörper und Planet: dieser, obgleich in entschiedener Abhängigkeit, widerstrebt noch immer, gleichwie die chemischen Kräfte im Organismus; woraus dann die beständige Spannung zwischen Zentripetal- und Zentrifugalkraft hervorgeht, welche das Weltgebäude in Bewegung erhält und selbst schon ein Ausdruck ist jenes allgemeinen, der Erscheinung des Willens wesentlichen Kampfes, den wir eben betrachten. Denn da jeder Körper als Erscheinung eines Willens angesehen werden muß, Wille aber notwendig als ein Streben sich darstellt; so kann der ursprüngliche Zustand jedes zur Kugel geballten Weltkörpers nicht Ruhe sein, sondern Bewegung, Streben vorwärts in den unendlichen Raum, ohne Rast und Ziel. Diesem steht weder das Gesetz der Trägheit noch das der Kausalität entgegen: denn da, nach jenem, die Materie als solche gegen Ruhe und Bewegung gleichgültig ist, so kann Bewegung, so gut wie Ruhe, ihr ursprünglicher Zustand sein; daher, wenn wir sie in Bewegung vorfinden, wir ebensowenig berechtigt sind vorauszusetzen, daß derselben ein Zustand der Ruhe vorhergegangen sei, und nach der Ursache des Eintritts der Bewegung zu fragen, als umgekehrt, wenn wir sie in Ruhe fänden, wir eine dieser vorhergegangenen Bewegung voraussetzen und nach der Ursache ihrer Aufhebung zu fragen hätten. Daher ist kein erster Anstoß für die Zentrifugalkraft zu suchen, sondern sie ist, bei den Planeten, nach Kants und Laplace' Hypothese, Überbleibsel der ursprünglichen Rotation des Zentralkörpers, von welchem jene sich, bei dessen Zusammenziehung, getrennt haben. Diesem selbst aber ist Bewegung wesentlich: er rotiert noch immer und fliegt zugleich dahin im endlosen Raum oder zirkuliert vielleicht um einen größeren, uns unsichtbaren Zentralkörper. Diese Ansicht stimmt gänzlich überein mit der Mutmaßung der Astronomen von einer Zentralsonne, wie auch mit dem wahrgenommenen Fortrücken unseres ganzen Sonnensystems, vielleicht auch des ganzen Sternhaufens, dem unsere Sonne angehört, daraus endlich auf ein allgemeines Fortrücken aller Fixsterne mitsamt der Zentralsonne zu schließen ist, welches freilich im unendlichen Raum alle Bedeutung verliert (da Bewegung im absoluten Raum von der Ruhe sich nicht unterscheidet) und eben hiedurch, wie schon unmittelbar durch das Streben und Fliegen ohne Ziel, zum Ausdruck jener Nichtigkeit, jener Ermangelung eines letzten Zweckes wird, welche wir, am Schlusse dieses Buches, dem Streben des Willens in allen seinen Erscheinungen werden zuerkennen müssen; daher eben auch wieder endloser Raum und endlose Zeit die allgemeinsten und wesentlichsten Formen seiner gesamten Erscheinung sein mußten, als welche sein ganzes Wesen auszudrücken da ist. – Wir können endlich den in Betrachtung genommenen Kampf aller Willenserscheinungen gegeneinander sogar schon in der bloßen Materie, als solcher betrachtet, wiedererkennen, sofern nämlich das Wesen ihrer Erscheinung von Kant richtig ausgesprochen ist als Repulsiv- und Attraktivkraft; so daß schon sie nur in einem Kampf entgegenstrebender Kräfte ihr Dasein hat. Abstrahieren wir von aller chemischen Verschiedenheit der Materie oder denken uns in der Kette der Ursachen und Wirkungen so weit zurück, daß noch keine chemische Differenz da ist; so bleibt uns die bloße Materie, die Welt zu einer Kugel geballt, deren Leben, d. h. Objektivation des Willens, nun jener Kampf zwischen Attraktions- und Repulsionskraft ausmacht, jene als Schwere, von allen Seiten zum Zentrum drängend, diese als Undurchdringlichkeit, sei es durch Starrheit oder Elastizität, jener widerstrebend, welcher stete Drang und Widerstand als die Objektität des Willens auf der alleruntersten Stufe betrachtet werden kann und schon dort dessen Charakter ausdrückt.

So sehen wir denn hier, auf der untersten Stufe, den Willen sich darstellen als einen blinden Drang, ein finsteres, dumpfes Treiben, fern von aller unmittelbaren Erkennbarkeit. Es ist die einfachste und schwächste Art seiner Objektivation. Als solcher blinder Drang und erkenntnisloses Streben erscheint er aber noch in der ganzen unorganischen Natur, in allen den ursprünglichen Kräften, welche aufzusuchen und ihre Gesetze kennenzulernen Physik und Chemie beschäftigt sind und jede von welchen sich uns in Millionen ganz gleichartiger und gesetzmäßiger, keine Spur von individuellem Charakter ankündigender Erscheinungen darstellt, sondern bloß vervielfältigt durch Zeit und Raum, d. i. durch das principium individuationis, wie ein Bild durch die Facetten eines Glases vervielfältigt wird.

Von Stufe zu Stufe deutlich objektivierend, wirkt dennoch auch im Pflanzenreich, wo nicht mehr eigentliche Ursachen, sondern Reize das Band seiner Erscheinungen sind, der Wille doch noch völlig erkenntnislos, als finstere treibende Kraft, und so endlich auch noch im vegetativen Teil der tierischen Erscheinung, in der Hervorbringung und Ausbildung jedes Tieres und in der Unterhaltung der innern Ökonomie desselben, wo immer nur noch bloße Reize seine Erscheinung notwendig bestimmen. Die immer höher stehenden Stufen der Objektität des Willens führen endlich zu dem Punkt, wo das Individuum, welches die Idee darstellt, nicht mehr durch bloße Bewegung auf Reize seine zu assimilierende Nahrung erhalten konnte; weil solcher Reiz abgewartet werden muß, hier aber die Nahrung eine spezieller bestimmte ist, und bei der immer mehr angewachsenen Mannigfaltigkeit der Erscheinungen das Gedränge und Gewirre so groß geworden ist, daß sie einander stören, und der Zufall, von dem das durch bloße Reize bewegte Individuum seine Nahrung erwarten muß, so ungünstig sein würde. Die Nahrung muß daher aufgesucht, ausgewählt werden, von dem Punkt an, wo das Tier dem Ei oder Mutterleibe, in welchem es erkenntnislos vegetierte, sich entwunden hat. Dadurch wird hier die Bewegung auf Motive und wegen dieser die Erkenntnis notwendig, welche also eintritt als ein auf dieser Stufe der Objektivation des Willens erfordertes Hilfsmittel ... zur Erhaltung des Individuums und Fortpflanzung des Geschlechts. Sie tritt hervor, repräsentiert durch das Gehirn oder ein größeres Ganglion, eben wie jede andere Bestrebung oder Bestimmung des sich objektivierenden Willens durch ein Organ repräsentiert ist, d.h. für die Vorstellung sich als ein Organ darstellt. – Allein mit diesem Hilfsmittel, dieser μηχανη, steht nun, mit einem Schlage, die *Welt als Vorstellung* da, mit allen ihren Formen, Objekt und Subjekt, Zeit, Raum, Vielheit und Kausalität. Die Welt zeigt jetzt die zweite Seite. Bisher bloß *Wille*, ist sie nun zugleich *Vorstellung*, Objekt des erkennenden Subjekts. Der Wille, der bis hieher im Dunkeln, höchst sicher und unfehlbar, seinen Trieb verfolgte, hat sich auf dieser Stufe ein Licht angezündet, als ein Mittel, welches notwendig wurde, zur Aufhebung des Nachteils, der aus dem Gedränge und der komplizierten Beschaffenheit seiner Erscheinungen eben den vollendetsten erwachsen würde. Die bisherige unfehlbare Sicherheit und Gesetzmäßigkeit, mit welcher er in der unorganischen und bloß vegetativen Natur wirkte, beruhte darauf, daß er allein in seinem ursprünglichen Wesen, als blinder Drang, Wille, tätig war, ohne Beihilfe, aber auch ohne Störung von einer zweiten, ganz andern Welt, der Welt als Vorstellung, welche zwar nur das Abbild seines eigenen Wesens, aber doch ganz anderer Natur ist und jetzt eingreift in den Zusammenhang seiner Erscheinungen. Dadurch hört nunmehr die unfehlbare Sicherheit derselben auf. Die Tiere sind schon dem Schein, der Täuschung ausgesetzt. Sie haben indessen bloß anschauliche Vorstellungen, keine Begriffe, keine Reflexion, sind daher an die Gegenwart gebunden, können nicht die Zukunft berücksichtigen. – Es scheint, als ob diese vernunftlose Erkenntnis nicht in allen Fällen hinreichend zu ihrem Zweck gewesen sei und bisweilen gleichsam einer Nachhilfe bedurft habe. Denn es bietet sich uns die sehr merkwürdige Erscheinung dar, daß das blinde Wirken des Willens und das von der Erkenntnis erleuchtete, in zwei Arten von Erscheinungen, auf eine höchst überraschende Weise, eines in das Gebiet des andern hinübergreifen. Einmal nämlich finden wir, mitten unter dem von der anschaulichen Erkenntnis und ihren Motiven geleiteten Tun der Tiere, ein ohne diese, also mit der Notwendigkeit des blind wirkenden Willens vollzogenes, in den Kunsttrieben, welche, durch kein Motiv noch Erkenntnis geleitet, das Ansehn haben, als brächten sie ihre Werke sogar auf abstrakte, vernünftige Motive zustande. Der andere, diesem entgegengesetzte Fall ist der, wo umgekehrt das Licht der Erkenntnis in die Werkstätte des blind wirkenden Willens eindringt und die vegetativen Funktionen des menschlichen Organismus beleuchtet: im magnetischen Hellsehn. – Endlich nun da, wo der Wille zum höchsten Grade seiner Objektivation gelangt ist, reicht die den Tieren aufgegangene Erkenntnis des Verstandes, dem die Sinne die Data liefern, woraus bloße Anschauung, die an die Gegenwart gebunden ist, hervorgeht, nicht mehr zu: das komplizierte, vielseitige, bildsame, höchst bedürftige und unzähligen Verletzungen ausgesetzte Wesen, der Mensch, mußte, um bestehn zu können, durch eine doppelte Erkenntnis erleuchtet werden, gleichsam eine höhere Potenz der anschaulichen

Erkenntnis mußte zu dieser hinzutreten, eine Reflexion jener: die Vernunft als das Vermögen abstrakter Begriffe. Mit dieser war Besonnenheit da, enthaltend Überblick der Zukunft und Vergangenheit, und, infolge derselben, Überlegung, Sorge, Fähigkeit des prämeditierten, von der Gegenwart unabhängigen Handelns, endlich auch völlig deutliches Bewußtsein der eigenen Willensentscheidungen als solcher. Trat nun schon mit der bloß anschauenden Erkenntnis die Möglichkeit des Scheines und der Täuschung ein, wodurch die vorige Unfehlbarkeit im erkenntnislosen Treiben des Willens aufgehoben wurde, deshalb Instinkt und Kunsttrieb, als erkenntnislose Willensäußerungen, mitten unter den von Erkenntnis geleiteten, ihm zu Hilfe kommen mußten: so geht mit dem Eintritt der Vernunft jene Sicherheit und Untrüglichkeit der Willensäußerungen (welche am andern Extrem, in der unorganischen Natur, sogar als strenge Gesetzmäßigkeit erscheint) fast ganz verloren: der Instinkt tritt völlig zurück, die Überlegung, welche jetzt alles ersetzen soll, gebiert Schwanken und Unsicherheit: der Irrtum wird möglich, welcher in vielen Fällen die adäquate Objektivation des Willens durch Taten hindert. Denn wenn gleich der Wille schon im Charakter seine bestimmte und unveränderliche Richtung genommen hat, welcher entsprechend das Wollen selbst unfehlbar, nach Anlaß der Motive, eintritt; so kann doch der Irrtum die Äußerungen desselben verfälschen, indem dann Wahnmotive gleich wirklichen einfließen und diese aufheben ...

Da der Wille das Ding an sich, der innere Gehalt, das Wesentliche der Welt ist; das Leben, die sichtbare Welt, die Erscheinung, aber nur der Spiegel des Willens, so wird diese den Willen so unzertrennlich begleiten wie den Körper sein Schatten: und wenn Wille da ist, wird auch Leben, Welt da sein. Dem Willen zum Leben ist also das Leben gewiß, und solange wir von Lebenswillen erfüllt sind, dürfen wir für unser Dasein nicht besorgt sein, auch nicht beim Anblick des Todes. Wohl sehn wir das Individuum entstehn und vergehn: aber das Individuum ist nur Erscheinung, ist nur da für die im Satz vom Grunde, dem *principio individuationis* [Seinsgrund der Einzelwesen], befangene Erkenntnis: für diese freilich empfängt er sein Leben wie ein Geschenk, geht aus dem Nichts hervor, leidet dann durch den Tod den Verlust jenes Geschenks und geht ins Nichts zurück. Aber wir wollen ja eben das Leben philosophisch, d. h. seinen Ideen nach, betrachten, und da werden wir finden, daß weder der Wille, das Ding an sich in allen Erscheinungen, noch das Subjekt des Erkennens, der Zuschauer aller Erscheinungen, von Geburt und Tod irgend berührt werden.

Geburt und Tod gehören eben zur Erscheinung des Willens, also zum Leben, und es ist diesem wesentlich, sich in Individuen darzustellen, welche entstehn und vergehn, als flüchtige, in der Form der Zeit auftretende Erscheinungen desjenigen, was an sich keine Zeit kennt, aber gerade auf die besagte Weise sich darstellen muß, um sein eigentliches Wesen zu objektivieren. Geburt und Tod gehören auf gleiche Weise zum Leben und halten sich das Gleichgewicht als wechselseitige Bedingungen voneinander oder, wenn man etwa den Ausdruck liebt, als Pole der gesamten Lebenserscheinung. Die weiseste aller Mythologien, die indische, drückt dieses dadurch aus, daß sie gerade dem Gotte, welcher die Zerstörung, den Tod symbolisiert (wie Brahma, der sündigste und niedrigste Gott des Trimurtis [der Götterdreiheit], die Zeugung, Entstehung und Wischnu die Erhaltung), daß sie, sage ich, gerade dem Schiwa, zugleich mit dem Halsband von Totenköpfen, den Lingam [Phallus] zum Attribut gibt, dieses Symbol der Zeugung, welche also hier als Ausgleichung des Todes auftritt, wodurch angedeutet wird, daß Zeugung und Tod wesentliche Korrelate sind, die sich gegenseitig neutralisieren und aufheben. – Ganz dieselbe Gesinnung war es, welche Griechen und Römer antrieb, die kostbaren Sarkophage gerade so zu verzieren, wie wir sie noch sehen, mit Festen, Tänzen, Hochzeiten, Jagden, Tierkämpfen, Bacchanalien, also mit Darstellungen des gewaltigsten Lebensdranges, welchen sie nicht nur in solchen Lustbarkeiten, sondern sogar in wollüstigen Gruppen, selbst bis zur Begattung zwischen Satyrn und Ziegen, uns vorführen. Der Zweck war offenbar, vom Tode des betrauerten Individuums mit dem größten Nachdruck auf das unsterbliche Leben der Natur hinzuweisen und dadurch, wenngleich ohne abstraktes Wissen, anzudeuten, daß die ganze Natur die Erscheinung und auch die Erfüllung des Willens zum Leben ist. Die Form dieser Erscheinung ist Zeit, Raum und Kausalität, mittels dieser aber Individuation, die es mit sich bringt, daß das Individuum entstehn und vergehn muß, was aber den Willen zum Leben, von dessen Erscheinung das Individuum gleichsam nur ein einzelnes Exempel oder Spezimen [Probestück] ist, so wenig anficht, als das Ganze der Natur gekränkt wird durch den Tod eines Individuums. Denn nicht dieses, sondern die Gattung allein ist es, woran der Natur gelegen ist und auf deren Erhaltung sie mit allem Ernst dringt, indem sie für dieselbe so verschwenderisch sorgt durch die ungeheure Überzahl der Keime und die große Macht des Befruchtungstriebes. Hingegen hat das Individuum für sie keinen Wert und kann ihn nicht haben, da unendliche Zeit, unendlicher Raum und in diesen unendliche Zahl möglicher Individuen ihr Reich sind; daher sie stets bereit ist, das Individuum fallenzulassen, welches demnach nicht nur auf tausendfache Weise durch die unbedeutendsten Zufälle dem Untergang ausgesetzt, sondern ihm schon ursprünglich bestimmt ist und ihm von der Natur selbst entgegengeführt wird, von dem Augenblick an, wo es der Erhaltung der Gattung gedient hat.

Ganz naiv spricht hierdurch die Natur selbst die große Wahrheit aus, daß nur die Ideen, nicht die Individuen eigentliche Realität haben, d.h. vollkommene Objektität des Willens sind. Da nun der Mensch die Natur selbst, und zwar im höchsten Grade ihres Selbstbewußtseins ist, die Natur aber nur der objektivierte Wille zum Leben ist, so mag der Mensch, wenn er diesen Gesichtspunkt gefaßt hat und dabei stehnbleibt, allerdings und mit Recht sich über seinen und seiner Freunde Tod trösten durch den Rückblick auf das unsterbliche Leben der Natur, die er selbst ist. So folglich ist Schiwa mit dem Lingam, so jene antiken Sarkophage zu verstehn, die mit ihren Bildern des glühendsten Lebens dem klagenden Betrachter zurufen: *natura non contristatur* [die Natur trauert nicht].

Den Menschen ausgenommen, wundert sich kein Wesen über sein eigenes Dasein, sondern ihnen allen versteht dasselbe sich so sehr von selbst, daß sie es nicht bemerken. Aus der Ruhe des Blickes der Tiere spricht noch die Weisheit der

Natur, weil in ihnen der Wille und der Intellekt noch nicht weit genug auseinandergetreten sind, um bei ihrem Wiederbegegnen sich übereinander verwundern zu können. So hängt hier die ganze Erscheinung noch fest am Stamme der Natur, dem sie entsprossen, und ist der unbewußten Allwissenheit der großen Mutter teilhaft. – Erst nachdem das innere Wesen der Natur (der Wille zum Leben in seiner Objektivation) sich durch die beiden Reiche der bewußtlosen Wesen und dann durch die lange und breite Reihe der Tiere rüstig und wohlgemut gesteigert hat, gelangt es endlich beim Eintritt der Vernunft, also im Menschen, zum ersten Male zur Besinnung. Dann wundert es sich über seine eigenen Werke und fragt sich, was es selbst sei. Seine Verwunderung ist aber um so ernstlicher, als es hier zum ersten Male mit Bewußtsein dem Tode gegenübersteht und neben der Endlichkeit alles Daseins auch die Vergeblichkeit alles Strebens sich ihm mehr oder minder aufdringt. Mit dieser Besinnung und dieser Verwunderung entsteht daher das dem Menschen allein eigene *Bedürfnis einer Metaphysik.* Er ist sonach ein animal metaphysicum.

Das klare Weltauge: Vom Schauen und Vergessen

Wenn man, durch die Kraft des Geistes gehoben, die gewöhnliche Betrachtungsart der Dinge fahrenläßt, aufhört, nur ihren Relationen zueinander, deren letztes Ziel immer die Relation zum eigenen Willen ist, am Leitfaden der Gestaltungen des Satzes vom Grunde nachzugehn, also nicht mehr das Wo, das Wann, das Warum und das Wozu an den Dingen betrachtet, sondern einzig und allein das *Was*; auch nicht das abstrakte Denken, die Begriffe der Vernunft das Bewußtsein einnehmen läßt, sondern statt alles diesen die ganze Macht seines Geistes der Anschauung hingibt, sich ganz in diese versenkt und das ganze Bewußtsein ausfüllen läßt durch die ruhige Kontemplation des gerade gegenwärtigen, natürlichen Gegenstandes, sei es eine Landschaft, ein Baum, ein Fels, ein Gebäude oder was auch immer, indem man, nach einer sinnvollen deutschen Redensart, sich gänzlich in diesen Gegenstand *verliert*, d.h. eben sein Individuum, seinen Willen vergißt und nur noch als reines Subjekt, als klarer Spiegel des Objekts bestehend bleibt, so daß es ist, als ob der Gegenstand allein da wäre, ohne jemanden, der ihn wahrnimmt, und man also nicht mehr den Anschauenden von der Anschauung trennen kann, sondern beide eines geworden sind, indem das ganze Bewußtsein von einem einzigen anschaulichen Bilde gänzlich gefüllt und eingenommen ist; wenn also solchermaßen das Objekt aus aller Relation zu etwas außer ihm, das Subjekt aus aller Relation zum Willen getreten ist: dann ist, was also erkannt wird, nicht mehr das einzelne Ding als solches, sondern es ist die *Idee*, die ewige Form, die unmittelbare Objektität des Willens auf dieser Stufe: und ebendadurch ist zugleich der in dieser Anschauung Begriffene nicht mehr Individuum: denn das Individuum hat sich eben in solche Anschauung verloren: sondern er ist *reines*, willenloses, schmerzloses, zeitloses *Subjekt der Erkenntnis*.

Alles *Wollen* entspringt aus Bedürfnis, also aus Mangel, also aus Leiden. Diesem macht die Erfüllung ein Ende; jedoch gegen einen Wunsch, der erfüllt wird, bleiben wenigstens zehn versagt: ferner, das Begehren dauert lange, die Forderungen gehn ins Unendliche; die Erfüllung ist kurz und kärglich gemessen. Sogar aber ist die endliche Befriedigung selbst nur scheinbar: der erfüllte Wunsch macht gleich einem neuen Platz: jener ist ein erkannter, dieser ein noch unerkannter Irrtum. Dauernde, nicht mehr weichende Befriedigung kann kein erlangtes Objekt des Wollens geben: sondern es gleicht immer nur dem Almosen, das dem Bettler zugeworfen, sein Leben heute fristet, um seine Qual auf morgen zu verlängern. – Darum nun, solange unser Bewußtsein von unserm Willen erfüllt ist, solange wir dem Drange der Wünsche, mit seinem steten Hoffen und Fürchten, hingegeben sind, solange wir Subjekt des Wollens sind, wird uns nimmermehr dauerndes Glück noch Ruhe. Ob wir jagen oder fliehen, Unheil fürchten oder nach Genuß streben, ist im wesentlichen einerlei: die Sorge für den stets fordernden

Willen, gleichviel in welcher Gestalt, erfüllt und bewegt fortdauernd das Bewußtsein; ohne Ruhe aber ist durchaus kein wahres Wohlsein möglich. So liegt das Subjekt des Wollens beständig auf dem drehenden Rade des Ixion, schöpft immer im Siebe der Danaiden, ist der ewig schmachtende Tantalus.

Wann aber äußerer Anlaß oder innere Stimmung uns plötzlich aus dem endlosen Strome des Wollens heraushebt, die Erkenntnis dem Sklavendienste des Willens entreißt, die Aufmerksamkeit nun nicht mehr auf die Motive des Wollens gerichtet wird, sondern die Dinge frei von ihrer Beziehung auf den Willen auffaßt, also ohne Interesse, ohne Subjektivität, rein objektiv sie betrachtet, ihnen ganz hingegeben, sofern sie bloß Vorstellungen, nicht sofern sie Motive sind: dann ist die auf jenem ersten Wege des Wollens immer gesuchte, aber immer entfliehende Ruhe mit einem Male von selbst eingetreten, und uns ist völlig wohl. Es ist der schmerzlose Zustand, den Epikuros als das höchste Gut und als den Zustand der Götter pries: denn wir sind, für jenen Augenblick, des schnöden Willensdranges entledigt, wir feiern den Sabbat der Zuchthausarbeit des Wollens, das Rad des Ixion steht still …

So viel leistet ganz allein die innere Kraft eines künstlerischen Gemütes: aber erleichtert und von außen befördert wird jene rein objektive Gemütsstimmung durch entgegenkommende Objekte, durch die zu ihrem Anschauen einladende, ja sich aufdringende Fülle der schönen Natur. Ihr gelingt es, sooft sie mit einem Male unserm Blicke sich auftut, fast immer, uns, wenn auch nur auf Augenblicke, der Subjektivität, dem Sklavendienste des Willens zu entreißen und in den Zustand des reinen Erkennens zu versetzen.

Darum wird auch der von Leidenschaften oder Not und Sorge Gequälte durch einen einzigen Blick in die Natur so plötzlich erquickt, erheitert und aufgerichtet: der Sturm der Leidenschaften, der Drang des Wunsches und der Furcht und alle Qual des Wollens sind dann sogleich auf eine wundervolle Art beschwichtigt. Denn in dem Augenblicke, wo wir, vom Wollen losgerissen, uns dem reinen willenlosen Erkennen hingegeben haben, sind wir gleichsam in eine andere Welt getreten, wo alles, was unsern Willen bewegt und dadurch uns so heftig erschüttert, nicht mehr ist. Jenes Freiwerden der Erkenntnis hebt uns aus dem allen ebenso sehr und ganz heraus, wie der Schlaf und der Traum: Glück und Unglück sind verschwunden: wir sind nicht mehr das Individuum, es ist vergessen, sondern nur noch reines Subjekt der Erkenntnis: wir sind nur noch da als das *eine* Weltauge, was aus allen erkennenden Wesen blickt, im Menschen allein aber völlig frei vom Dienste des Willens werden kann, wodurch aller Unterschied der Individualität so gänzlich verschwindet, daß es alsdann einerlei ist, ob das schauende Auge einem mächtigen König oder einem gepeinigten Bettler angehört. Denn weder Glück noch Jammer wird über jene Grenze mit hinübergenommen. So nahe liegt uns beständig ein Gebiet, auf welchem wir allem unserm Jammer gänzlich entronnen sind; aber wer hat die Kraft, sich lange darauf zu erhalten? Sobald irgendeine Beziehung ebenjener also rein angeschauten Objekte zu unserm Willen, zu unserer Person, wieder ins Bewußtsein tritt, hat der Zauber ein Ende: wir fallen zurück in die Erkenntnis, welche der Satz vom Grunde beherrscht, erkennen nun nicht mehr die Idee, sondern das einzelne Ding, das Glied einer Kette, zu der auch wir gehören, und wir sind allem unserm Jammer wieder hingegeben.

Während die Wissenschaft, dem rast- und bestandlosen Strom [der] Gründe und Folgen nachgehend, bei jedem erreichten Ziel immer wieder weiter gewiesen wird und nie ein letztes Ziel noch völlige Befriedigung finden kann, sowenig als man durch Laufen den Punkt erreicht, wo die Wolken den Horizont berühren; so ist dagegen die Kunst überall am Ziel. Denn sie reißt das Objekt ihrer Kontemplation heraus aus dem Strom des Weltlaufs und hat es isoliert vor sich: und dieses Einzelne, was in jenem Strom ein verschwindend kleiner Teil war, wird ihr ein Repräsentant des Ganzen, ein Äquivalent des in Raum und Zeit unendlich Vielen: sie bleibt daher bei diesem Einzelnen stehen: das Rad der Zeit hält sie an: die Relationen verschwinden ihr: nur das Wesentliche, die Idee, ist ihr Objekt. – Wir können sie daher geradezu bezeichnen als *die Betrachtungsart der Dinge unabhängig vom Satze des Grundes*, im Gegensatz der gerade diesem nachgehenden Betrachtung, welche der Weg der Erfahrung und Wissenschaft ist. Diese letztere Art der Betrachtung ist einer unendlichen, horizontal laufenden Linie zu vergleichen; die erstere aber der sie in jedem beliebigen Punkte schneidenden senkrechten. Die dem Satz vom Grunde nachgehende ist die vernünftige Betrachtungsart, welche im praktischen Leben, wie in der Wissenschaft, allein gilt und hilft: die vom Inhalt jenes Satzes wegsehende ist die geniale Betrachtungsart, welche in der Kunst allein gilt und hilft. Die erstere ist die Betrachtungsart des Aristoteles; die zweite ist im ganzen die des Plato. Die erstere gleicht dem gewaltigen

Sturm, der ohne Anfang und Ziel dahinfährt, alles beugt, bewegt, mit sich fortreißt; die zweite dem ruhigen Sonnenstrahl, der den Weg dieses Sturmes durchschneidet, von ihm ganz unbewegt. Die erstere gleicht den unzähligen, gewaltsam bewegten Tropfen des Wasserfalls, die stets wechselnd keinen Augenblick rasten; die zweite dem auf diesem tobenden Gewühl stille ruhenden Regenbogen. – Nur durch die oben beschriebene, im Objekt ganz aufgehende, reine Kontemplation werden Ideen aufgefaßt, und das Wesen des *Genius* besteht eben in der überwiegenden Fähigkeit zu solcher Kontemplation: da nun diese ein gänzliches Vergessen der eigenen Person und ihrer Beziehungen verlangt; so ist *Genialität* nichts anderes als die vollkommenste *Objektivität*, d. h. objektive Richtung des Geistes, entgegengesetzt der subjektiven, auf die eigene Person, d. i. den Willen, gehenden. Demnach ist Genialität die Fähigkeit, sich rein anschauend zu verhalten, sich in die Anschauung zu verlieren und die Erkenntnis, welche ursprünglich nur zum Dienste des Willens da ist, diesem Dienste zu entziehn, d. h. sein Interesse, sein Wollen, seine Zwecke ganz aus den Augen zu lassen, sonach seiner Persönlichkeit sich auf eine Zeit völlig zu entäußern, um als *rein erkennendes Subjekt, klares Weltauge*, übrigzubleiben: und dieses nicht auf Augenblicke; sondern so anhaltend und mit so viel Besonnenheit, als nötig ist, um das Aufgefaßte durch überlegte Kunst zu wiederholen und »was in schwankender Erscheinung schwebt, zu befestigen in dauernden Gedanken« [Goethe, Faust I].

Nur wo der Intellekt schon das notwendige Maß überschreitet, wird das Erkennen, mehr oder weniger, Selbstzweck.

Demnach ist es eine ganz abnorme Begebenheit, wenn, in irgendeinem Menschen, der Intellekt seine natürliche Bestimmung, also den Dienst des Willens und demgemäß die Auffassung der bloßen Relationen der Dinge, verläßt, um sich rein objektiv zu beschäftigen. Aber ebendies ist der Ursprung der Kunst, der Poesie und der Philosophie, welche also durch ein Organ hervorgebracht werden, das ursprünglich nicht für sie bestimmt ist. Der Intellekt nämlich ist von Hause aus ein sauerer Arbeit obliegender Manufakturlöhnling, den sein vielfordernder Herr, der Wille, vom Morgen bis in die Nacht beschäftigt hält. Kommt aber dennoch dieser getriebene Fronknecht einmal dazu, in einer Feierstunde, ein Stück von seiner Arbeit freiwillig, aus eigenem Antrieb und ohne Nebenabsicht, bloß zu eigener Befriedigung und Ergötzung zu verfertigen – dann ist dies ein echtes Kunstwerk, ja, wenn hoch getrieben, ein Werk des Genies.

Jedes Kunstwerk ist eigentlich bemüht, uns das Leben und die Dinge so zu zeigen, wie sie in Wahrheit sind, aber durch den Nebel objektiver und subjektiver Zufälligkeiten hindurch nicht von jedem unmittelbar erfaßt werden können. Diesen Nebel nimmt die Kunst hinweg.

Was ist das Leben? – Diese Frage beantwortet jedes echte und gelungene Kunstwerk auf seine Weise völlig richtig.

Es werde musiziert oder philosophiert, gemalt oder gedichtet – ein Werk des Genies ist kein Ding zum Nutzen. Unnütz zu sein gehört zum Charakter der Werke des Genies:

es ist ihr Adelsbrief. Alle übrigen Menschenwerke sind da zur Erhaltung oder Erleichterung unserer Existenz; bloß die hier in Rede stehenden nicht: sie allein sind ihrer selbst wegen da und sind in diesem Sinn als die Blüte oder der reine Ertrag des Daseins anzusehn. Deshalb geht beim Genuß derselben uns das Herz auf: denn wir tauchen dabei aus dem schweren Erdenäther der Bedürftigkeit auf. – Diesem analog sehn wir, auch außerdem, das Schöne selten mit dem Nützlichen vereint. Die hohen und schönen Bäume tragen kein Obst: die Obstbäume sind kleine, häßliche Krüppel. Die gefüllte Gartenrose ist nicht fruchtbar, sondern die kleine, wilde, fast geruchlose ist es. Die schönsten Gebäude sind nicht die nützlichen: ein Tempel ist kein Wohnhaus. Ein Mensch von hohen, seltenen Geistesgaben, genötigt einem bloß nützlichen Geschäft, dem der Gewöhnlichste gewachsen wäre, obzuliegen, gleicht einer köstlichen, mit schönster Malerei geschmückten Vase, die als Kochtopf verbraucht wird; und die nützlichen Leute mit den Leuten von Genie vergleichen ist wie Bausteine mit Diamanten vergleichen.

Wenn man betrachtet, wie sowohl die Poesie als auch die bildenden Künste zu ihrem jedesmaligen Thema ein *Individuum* nehmen, um solches mit allen Eigentümlichkeiten seiner Einzelheit bis auf die geringfügigsten herab mit sorgfältigster Genauigkeit uns darzustellen; und wenn man dann zurücksieht auf die Wissenschaften, die mittels der *Begriffe* arbeiten, deren jeder zahllose Individuen vertritt, indem er das Eigentümliche der ganzen Art derselben ein für allemal bestimmt und bezeichnet – so könnte bei dieser Betrachtung das Treiben der Kunst uns geringfügig, kleinlich, ja, fast kindisch vorkommen. Allein das Wesen der Kunst bringt es mit sich, daß ihr ein Fall für Tausende gilt, indem was sie durch jene sorgfältige und ins einzelne gehende Darstellung des Individuums beabsichtigt, die Offenbarung der *Idee* seiner Gattung ist, so daß z. B. ein Vorgang, eine Szene des Menschenlebens, richtig und vollständig, also mit genauer Darstellung der darin verwickelten Individuen, geschildert, die Idee der Menschheit selbst, von irgendeiner Seite aufgefaßt, zur deutlichen und tiefen Erkenntnis bringt. Denn, wie der Botaniker aus dem unendlichen Reichtum der Pflanzenwelt eine einzige Blume pflückt, sie dann zerlegt, um uns die Natur der Pflanze überhaupt daran zu demonstrieren, so nimmt der Dichter aus dem endlosen Gewirre des überall in unaufhörlicher Bewegung dahineilenden Menschenlebens eine einzige Szene, ja, oft nur eine Stimmung und Empfindung heraus, um uns daran zu zeigen, was das Leben und Wesen des Menschen sei. Dieserhalb sehn wir die größten Geister, Shakespeare und Goethe, Raffael und Rembrandt, es ihrer nicht unwürdig erachten, ein nicht einmal hervorragendes Individuum in seiner ganzen Eigentümlichkeit bis auf das Kleinste herab mit größter Genauigkeit und ernstem Fleiße uns darzustellen und zu veranschaulichen. Denn nur anschaulich wird das Besondere und einzelne gefaßt – weshalb ich die Poesie definiert habe als die Kunst, durch Worte die Phantasie ins Spiel zu versetzen.

Die Darstellung der Idee der Menschheit, welche dem Dichter obliegt, kann er entweder so ausführen, daß der Dargestellte zugleich auch der Darstellende ist: dieses geschieht in der lyrischen Poesie, im eigentlichen Liede, wo der Dichtende nur seinen eigenen Zustand lebhaft anschaut und beschreibt, wobei daher, durch den Gegenstand, dieser Gattung eine gewisse Subjektivität wesentlich ist; oder aber der Darzustellende ist vom Darstellenden ganz verschieden, wie in allen anderen Gattungen, wo mehr oder weniger der Darstellende hinter dem Dargestellten sich verbirgt und zuletzt ganz verschwindet. In der Romanze drückt der Darstellende seinen eigenen Zustand noch durch Ton und Haltung des Ganzen in etwas aus: viel objektiver als das Lied, hat sie daher noch etwas Subjektives, dieses verschwindet schon mehr im Idyll, noch viel mehr im Roman, fast ganz im eigentlichen Epos und bis auf die letzte Spur endlich im Drama, welches die objektivste und in mehr als einer Hinsicht vollkommenste, auch schwierigste Gattung der Poesie ist. Die lyrische Gattung ist ebendeshalb die leichteste, und wenn die Kunst sonst nur dem so seltenen echten Genius angehört, so kann selbst der im ganzen nicht sehr eminente Mensch, wenn in der Tat, durch starke Anregung von außen, irgendeine Begeisterung seine Geisteskräfte erhöht, ein schönes Lied zustande bringen: denn es bedarf dazu nur einer lebhaften Anschauung seines eigenen Zustandes im aufgeregten Moment. Dies beweisen viele einzelne Lieder übrigens unbekannt gebliebener Individuen, besonders die deutschen Volkslieder, von denen wir im »Wunderhorn« eine treffliche Sammlung haben, und ebenso unzählige Liebes- und andere Lieder des Volkes in allen Sprachen. Denn die Stimmung des Augenblicks zu ergreifen und im Liede zu verkörpern ist die ganze Leistung dieser poetischen Gattung. Dennoch bildet in der lyrischen Poesie echter Dichter sich das Innere der ganzen Menschheit ab, und alles, was Millionen gewesener, seiender, künftiger

Menschen in denselben, weil stets wiederkehrenden Lagen empfunden haben und empfinden werden, findet darin seinen entsprechenden Ausdruck. Weil jene Lagen, durch die beständige Wiederkehr, eben wie die Menschheit selbst, als bleibende dastehen und stets dieselben Empfindungen hervorrufen, bleiben die lyrischen Produkte echter Dichter Jahrtausende hindurch richtig, wirksam und frisch. Ist doch überhaupt der Dichter der allgemeine Mensch: Alles, was irgendeines Menschen Herz bewegt hat und was die menschliche Natur in irgendeiner Lage aus sich hervortreibt, was irgendwo in einer Menschenbrust wohnt und brütet – ist sein Thema und sein Stoff; wie daneben auch die ganze übrige Natur… Er ist der Spiegel der Menschheit und bringt ihr, was sie fühlt und treibt, zum Bewußtsein.

Wenngleich der Dichter wie jeder Künstler uns immer nur das einzelne, Individuelle, vorführt, so ist, was er erkannte und uns dadurch erkennen lassen will, doch die (Platonische) Idee, die ganze Gattung; daher wird in seinen Bildern gleichsam der Typus der menschlichen Charaktere und Situationen ausgeprägt sein. Der erzählende, auch der dramatische Dichter nimmt aus dem Leben das ganz einzelne heraus und schildert es genau in seiner Individualität, offenbart aber hierdurch das ganze menschliche Dasein; indem er zwar scheinbar es mit dem einzelnen, in Wahrheit aber mit dem, was überall und zu allen Zeiten ist, zu tun hat. Hieraus entspringt es, daß Sentenzen, besonders der dramatischen Dichter, selbst ohne generelle Aussprüche zu sein, im wirklichen Leben häufige Anwendung finden. – Zur Philosophie verhält sich die Poesie, wie die Erfahrung sich zur empirischen

Wissenschaft verhält. Die Erfahrung nämlich macht uns mit der Erscheinung im einzelnen und beispielsweise bekannt; die Wissenschaft umfaßt das Ganze derselben mittels allgemeiner Begriffe. So will die Poesie uns mit den (Platonischen) Ideen der Wesen mittels des einzelnen und beispielsweise bekannt machen: die Philosophie will das darin sich aussprechende innere Wesen der Dinge im ganzen und allgemeinen erkennen lehren. – Man sieht schon hieran, daß die Poesie mehr den Charakter der Jugend, die Philosophie den des Alters trägt. In der Tat blüht die Dichtergabe eigentlich nur in der Jugend: auch die Empfänglichkeit für Poesie ist in der Jugend oft leidenschaftlich: der Jüngling hat Freude an Versen als solchen und nimmt oft mit geringer Ware vorlieb. Mit den Jahren nimmt diese Neigung allmählich ab, und im Alter zieht man die Prosa vor. Durch jene poetische Tendenz der Jugend wird dann leicht der Sinn für die Wirklichkeit verdorben. Denn von dieser unterscheidet die Poesie sich dadurch, daß in ihr das Leben interessant und doch schmerzlos an uns vorüberfließt; dasselbe hingegen in der Wirklichkeit, solange es schmerzlos ist, uninteressant ist, sobald es aber interessant wird, nicht ohne Schmerzen bleibt. Der früher in die Poesie als in die Wirklichkeit eingeweihte Jüngling verlangt nun von dieser, was nur jene leisten kann: dies ist eine Hauptquelle des Unbehagens, welches die vorzüglichsten Jünglinge drückt.

Die Idee, in welcher der Wille den höchsten Grad seiner Objektivation erreicht, unmittelbar anschaulich darzustellen ist die große Aufgabe der Historienmalerei und der Skulptur. Die objektive Seite der Freude am Schönen ist hier durchaus überwiegend und die subjektive in den Hintergrund getreten ... *Menschliche Schönheit* ist ein objektiver Ausdruck, welcher die vollkommenste Objektivation des Willens auf der höchsten Stufe seiner Erkennbarkeit bezeichnet, die Idee des Menschen überhaupt, vollständig ausgedrückt in der angeschauten Form. So sehr hier aber auch die objektive Seite des Schönen hervortritt, so bleibt die subjektive doch ihre stete Begleiterin: und eben weil kein Objekt uns so schnell zum rein ästhetischen Anschauen hinreißt wie das schönste Menschenantlitz und Gestalt, bei deren Anblick uns augenblicklich ein unaussprechliches Wohlgefallen ergreift und über uns selbst und alles, was uns quält, hinaushebt; so ist dieses nur dadurch möglich, daß diese allerdeutlichste und reinste Erkennbarkeit des Willens uns auch am leichtesten und schnellsten in den Zustand des reinen Erkennens versetzt, in welchem unsere Persönlichkeit, unser Wollen mit seiner steten Pein verschwindet, solange die rein ästhetische Freude anhält: daher sagt Goethe: »Wer die menschliche Schönheit erblickt, den kann nichts Übles anwehn: er fühlt sich mit sich selbst und mit der Welt in Übereinstimmung.«

Daß nun der Natur eine schöne Menschengestalt gelingt, müssen wir daraus erklären, daß der Wille, indem er sich auf dieser höchsten Stufe in einem Individuum objektiviert, durch glückliche Umstände und seine Kraft, alle die Hindernisse und den Widerstand vollkommen besiegt, welche ihm die Willenserscheinungen niedriger Stufen entgegensetzen, dergleichen die Naturkräfte sind, welchen er die allen angehörende Materie immer erst abgewinnen und entreißen muß. Ferner hat die Erscheinung des Willens auf den obern Stufen immer die Mannigfaltigkeit in ihrer Form: schon der

Baum ist nur ein systematisches Aggregat der zahllos wiederholten sprossenden Fasern: diese Zusammensetzung nimmt höher herauf immer mehr zu, und der menschliche Körper ist ein höchst kombiniertes System ganz verschiedener Teile, deren jeder ein dem Ganzen untergeordnetes, aber doch auch eigentümliches Leben, vita propria, hat: daß nun alle diese Teile gerade auf die gehörige Weise dem Ganzen untergeordnet und einander nebengeordnet seien, harmonisch zur Darstellung des Ganzen konspirieren, nichts übermäßig, nichts verkümmert sei – dies alles sind die seltenen Bedingungen, deren Resultat die Schönheit, der vollkommen ausgeprägte Gattungscharakter ist.

Die Musik ist die wahre allgemeine Sprache, die man überall versteht: daher wird sie in allen Ländern und durch alle Jahrhunderte mit großem Ernst und Eifer unaufhörlich geredet und macht eine bedeutsame, vielsagende Melodie gar bald ihren Weg um das ganze Erdenrund; während eine sinnarme und nichtssagende gleich verhallt und erstirbt; welches beweist, daß der Inhalt der Melodie ein sehr wohl verständlicher ist. Jedoch redet sie nicht von Dingen, sondern von lauter Wohl und Wehe, als welche die alleinigen Realitäten für den *Willen* sind: darum spricht sie so sehr zum Herzen, während sie dem Kopfe *unmittelbar* nichts zu sagen hat und es ein Mißbrauch ist, wenn man ihr dies zumutet, wie in aller malenden Musik geschieht, welche daher ein für allemal verwerflich ist; wenngleich Haydn und Beethoven sich zu ihr verirrt haben: Mozart und Rossini haben es meines Wissens nie getan. Denn ein anderes ist Ausdruck der Leidenschaften, ein anderes Malerei der Dinge.

Weil die Musik nicht, gleich allen andern Künsten, die Ideen oder Stufen der Objektivation des Willens, sondern unmittelbar den *Willen* selbst darstellt, so ist hieraus auch erklärlich, daß sie auf den Willen, d. i. die Gefühle, Leidenschaften und Affekte des Hörers, unmittelbar einwirkt, so daß sie dieselben schnell erhöht oder auch umstimmt.

So gewiß die Musik, weit entfernt, eine bloße Nachhilfe der Poesie zu sein, eine selbständige Kunst, ja die mächtigste unter allen ist und daher ihre Zwecke ganz aus eigenen Mitteln erreicht, so gewiß bedarf sie nicht der Worte des Gesanges oder der Handlung einer Oper. Die Musik als solche kennt allein die Töne, nicht aber die Ursache, welche diese hervorbringen. Demnach ist für sie auch die vox humana [die menschliche Stimme] ursprünglich und wesentlich nichts anderes als ein modifizierter Ton, eben wie der eines Instruments, und hat wie jeder andere die eigentümlichen Vorteile und Nachteile, welche eine Folge des ihn hervorbringenden Instruments sind. Daß nun, in diesem Fall, ebendieses Instrument anderweitig, als Werkzeug der Sprache, zur Mitteilung von Begriffen dient, ist ein zufälliger Umstand, den die Musik zwar nebenbei benutzen kann, um eine Verbindung mit der Poesie einzugehn; jedoch nie darf sie ihn zur Hauptsache machen und gänzlich nur auf den Ausdruck der meistens, ja (wie Diderot im *Neffen Rameaus* zu verstehn gibt) sogar wesentlich faden Verse bedacht sein. Die Worte sind und bleiben für die Musik eine fremde Zugabe, von untergeordnetem Werte, da die Wirkung der Töne ungleich mächtiger, unfehlbarer und schneller ist als die der Worte: diese müssen daher, wenn sie der Musik einverleibt werden, doch nur eine völlig untergeordnete Stelle einnehmen und sich ganz nach jener fügen. Umgekehrt aber gestaltet sich das Verhältnis in Hinsicht auf die gegebene Poesie, also das Lied oder den Operntext, welchem eine Musik hinzugefügt wird. Denn alsbald zeigt an diesem die Tonkunst ihre Macht und höhere Befähigung, indem sie jetzt über die in den Worten ausgedrückte Empfindung oder die in der Oper dargestellte Handlung die tiefsten, letzten, geheimsten Aufschlüsse gibt, das eigentliche und wahre Wesen derselben ausspricht und uns die innerste Seele der Vorgänge und Begebenheiten kennen lehrt, deren bloße Hülle und Leib die Bühne darbietet …

Das wahre Wesen der Dinge

Durchgängig und überall ist das echte Symbol der Natur der Kreis, weil er das Schema der Wiederkehr ist: diese ist in der Tat die allgemeinste Form in der Natur, welche sie in allem durchführt, vom Laufe der Gestirne an bis zum Tod und der Entstehung organischer Wesen, und wodurch allein in dem rastlosen Strom der Zeit und ihres Inhalts doch ein bestehendes Dasein, d. i. eine Natur, möglich wird.

Wenn man im Herbst die kleine Welt der Insekten betrachtet und nun sieht, wie das eine sich sein Bett bereitet, um zu schlafen, den langen, erstarrenden Winterschlaf; das andere sich einspinnt, um als Puppe zu überwintern und einst, im Frühling, verjüngt und verwollkommnet zu erwachen; endlich die meisten, als welche ihre Ruhe in den Armen des Todes zu halten gedenken, bloß ihrem Ei sorgfältig die geeignete Lagerstätte anpassen, um einst aus diesem erneut hervorzugehen; – so ist dies die große Unsterblichkeit der Natur, welche uns beibringen möchte, daß zwischen Schlaf und Tod kein radikaler Unterschied ist, sondern der eine sowenig wie der andere das Dasein gefährdet. Die Sorgfalt, mit der das Insekt eine Zelle oder Grube oder Nest bereitet, sein Ei hineinlegt, nebst Futter für die im kommenden Frühling daraus hervorgehende Larve, und dann ruhig stirbt, gleicht ganz der Sorgfalt, mit der ein Mensch am Abend sein Kleid und sein Frühstück für den kommenden Morgen bereitlegt und dann ruhig schlafen geht, und könnte im Grund gar nicht statthaben, wenn nicht, an sich und seinem wahren Wesen nach, das im Herbst sterbende Insekt mit dem im Frühling auskriechenden ebensowohl identisch wäre wie der sich schlafen legende Mensch mit dem aufstehenden.

Wenn wir nun, nach diesen Betrachtungen, zu uns selbst und unserm Geschlechte zurückkehren und dann den Blick vorwärts, weit hinaus in die Zukunft werfen, die künftigen Generationen, mit den Millionen ihrer Individuen, in der fremden Gestalt ihrer Sitten und Trachten uns zu vergegenwärtigen suchen, dann aber mit der Frage dazwischenfahren: Woher werden diese alle kommen? Wo sind sie jetzt? – Wo ist der reiche Schoß des weltenschwangeren Nichts, der sie noch birgt, die kommenden Geschlechter? – Wäre darauf nicht die lächelnde und wahre Antwort: Wo anders sollen sie sein als dort, wo allein das Reale stets war und sein wird, in der Gegenwart und ihrem Inhalt, also bei dir, dem betörten Frager, der, in diesem Verkennen seines eigenen Wesens, dem Blatt am Baum gleicht, welches im Herbst, welkend und im Begriff abzufallen, jammert über seinen Untergang und sich nicht trösten lassen will durch den Hinblick auf das frische Grün, welches im Frühling den Baum bekleiden wird, sondern klagend spricht: »Das bin ja ich nicht! Das sind ganz andere Blätter!« – O törichtes Blatt! Wohin willst du? Und woher sollen andere kommen? Wo ist das Nichts, dessen Schlund du fürchtest? – Erkenne doch dein eigenes Wesen, gerade das, was vom Durst nach Dasein so erfüllt ist, erkenne es wieder in der innern, geheimen, treibenden Kraft des Baumes, welche, stets eine und dieselbe in allen Generationen von Blättern, unberührt bleibt vom Entstehn und Vergehn.

Ob die Fliege, die jetzt um mich summt, am Abend einschläft und morgen wieder summt; oder ob sie am Abend stirbt und im Frühjahr, aus ihrem Ei entstanden, eine andere Fliege summt; das ist an sich dieselbe Sache: daher aber ist die Erkenntnis, die solches als zwei grundverschiedene Dinge darstellt, keine unbedingte, sondern eine relative, eine Erkenntnis der Erscheinung, nicht des Dinges an sich. Die Fliege ist am Morgen wieder da; sie ist auch im Frühjahr wieder da. Was unterscheidet für sie den Winter von der Nacht?

Aus der Nacht der Bewußtlosigkeit zum Leben erwacht, findet der Wille sich als Individuum, in einer end- und grenzenlosen Welt, unter zahllosen Individuen, alle strebend, leidend, irrend; und wie durch einen bangen Traum eilt er zurück zur alten Bewußtlosigkeit. – Bis dahin jedoch sind seine Wünsche grenzenlos, seine Ansprüche unerschöpflich, und jeder befriedigte Wunsch gebiert einen neuen. Keine auf der Welt mögliche Befriedigung könnte hinreichen, sein Verlangen zu stillen, seinem Begehren ein endliches Ziel zu setzen und den bodenlosen Abgrund seines Herzens auszufüllen. Daneben nun betrachte man, was dem Menschen an Befriedigungen jeder Art, in der Regel, wird: es ist meistens nicht mehr als die, mit unablässiger Mühe und steter Sorge, im Kampf mit der Not, täglich errungene, kärgliche Erhaltung dieses Daseins selbst, den Tod im Prospekt [in Aussicht]. – Alles im Leben gibt kund, daß das irdische Glück bestimmt ist, vereitelt oder als eine Illusion erkannt zu werden. Hiezu liegen tief im Wesen der Dinge die Anlagen. Demgemäß fällt das

Leben der meisten Menschen trübselig und kurz aus. Die komparativ Glücklichen sind es meistens nur scheinbar, oder aber sie sind, wie die Langlebenden, seltene Ausnahmen, zu denen eine Möglichkeit übrigbleiben mußte – als Lockvogel. Das Leben stellt sich dar als ein fortgesetzter Betrug, im Kleinen wie im Großen. Hat es versprochen, so hält es nicht; es sei denn, um zu zeigen, wie wenig wünschenswert das Gewünschte war: so täuscht uns also bald die Hoffnung, bald das Gehoffte. Hat es gegeben, so war es, um zu nehmen. Der Zauber der Entfernung zeigt uns Paradiese, welche wie optische Täuschungen verschwinden, wenn wir uns haben hinäffen lassen. Das Glück liegt demgemäß stets in der Zukunft, oder auch in der Vergangenheit, und die Gegenwart ist einer kleinen dunklen Wolke zu vergleichen, welche der Wind über die besonnte Fläche treibt: vor ihr und hinter ihr ist alles hell, nur sie selbst wirft stets einen Schatten. Sie ist demnach allezeit ungenügend, die Zukunft aber ungewiß, die Vergangenheit unwiederbringlich. Das Leben, mit seinen stündlichen, täglichen, wöchentlichen und jährlichen, kleinen, größern und großen Widerwärtigkeiten, mit seinen getäuschten Hoffnungen und seinen alle Berechnung vereitelnden Unfällen, trägt so deutlich das Gepräge von etwas, das uns verleidet werden soll, daß es schwer zu begreifen ist, wie man dies hat verkennen können und sich überreden lassen, es sei da, um dankbar genossen zu werden, und der Mensch, um glücklich zu sein. Stellt doch vielmehr jene fortwährende Täuschung und Enttäuschung, wie auch die durchgängige Beschaffenheit des Lebens, sich dar als darauf abgesehn und berechnet, die Überzeugung zu erwecken, daß gar nichts unsres Strebens, Treibens und Ringens wert sei, daß alle Güter nichtig seien, die Welt an allen Enden bankrott, und das Leben ein Geschäft, das nicht die Kosten deckt; – auf daß unser Wille sich davon abwende.

Vergleichen wir das Leben einer Kreisbahn aus glühenden Kohlen mit einigen kühlen Stellen, welche Bahn wir unablässig zu durchlaufen hätten, so tröstet den im Wahn Befangenen die kühle Stelle, auf der er jetzt eben steht oder die er nahe vor sich sieht, und er fährt fort, die Bahn zu durchlaufen. Jener aber, der, das principium individuationis durchschauend, das Wesen der Dinge an sich und dadurch das Ganze erkennt, ist solchen Trostes nicht mehr empfänglich. Er sieht sich an allen Stellen zugleich und tritt heraus. – Sein Wille wendet sich, bejaht nicht mehr sein eigenes, sich in der Erscheinung spiegelndes Wesen, sondern verneint es. Das Phänomen, wodurch dieses sich kundgibt, ist der Übergang von der Tugend zur *Aszesis.* Nämlich es genügt ihm nicht mehr, andere sich selbst gleich zu lieben und für sie soviel zu tun wie für sich, sondern es entsteht in ihm eine Abscheu vor dem Wesen, dessen Ausdruck seine eigene Erscheinung ist, dem Willen zum Leben, dem Kern und Wesen jener als jammervoll erkannten Welt. Er verleugnet daher ebendieses in ihm erscheinende und schon durch seinen Leib ausgedrückte Wesen, und sein Tun straft jetzt seine Erscheinung Lügen, tritt in offenen Widerspruch mit derselben. Wesentlich nichts anderes als Erscheinung des Willens, hört er auf, irgend etwas zu wollen, hütet sich, seinen Willen an irgend etwas zu hängen, sucht die größte Gleichgültigkeit gegen alle Dinge in sich zu befestigen.

Will man wissen, was die Menschen, moralisch betrachtet, im ganzen und allgemeinen wert sind, so betrachte man ihr Schicksal, im ganzen und allgemeinen. Dieses ist Mangel, Elend, Jammer, Qual und Tod. Die ewige Gerechtigkeit waltet: wären sie nicht, im ganzen genommen, nichtswürdig, so würde ihr Schicksal, im ganzen genommen, nicht so traurig sein. In diesem Sinne können wir sagen: die Welt selbst ist das Weltgericht. Könnte man allen Jammer der Welt in eine Waagschale legen und alle Schuld der Welt in die andere; so würde gewiß die Zunge einstehn.

Freilich aber stellt sich der Erkenntnis, so wie sie, dem Willen zu seinem Dienst entsprossen, dem Individuo als solchem wird, die Welt nicht so dar, wie sie dem Forscher zuletzt sich enthüllt, als die Objektität des einen und alleinigen Willens zum Leben, der er selbst ist; sondern den Blick des rohen Individuums trübt, wie die Inder sagen, der Schleier der Maja: ihm zeigt sich, statt des Dinges an sich, nur die Erscheinung in Zeit und Raum, dem principio individuationis, und in den übrigen Gestaltungen des Satzes vom Grunde: und in dieser Form seiner beschränkten Erkenntnis sieht er nicht das Wesen der Dinge, welches eines ist, sondern dessen Erscheinungen, als gesondert, getrennt, unzählbar, sehr verschieden, ja entgegengesetzt. Da erscheint ihm die Wollust als eines und die Qual als ein ganz anderes … Er sieht den einen in Freuden, Überfluß und Wollüsten leben und zugleich vor dessen Tür den anderen durch Mangel und Kälte qualvoll sterben. Dann fragt er: wo bleibt die Vergeltung? Und er selbst, im heftigen Willensdrange, der sein Ursprung und sein Wesen ist, ergreift die Wollüste und Genüsse des Lebens, hält sie umklammert fest und weiß nicht, daß er durch ebendiesen Akt seines Willens alle die Schmerzen und Qualen des Lebens, vor deren Anblick er schaudert, ergreift und fest an sich drückt. Er sieht das Übel, er sieht das Böse in der Welt: aber weit entfernt zu erkennen, daß beide nur verschiedene Seiten der Erscheinung des einen Willens zum Leben sind, hält er sie für sehr verschieden, ja ganz entgegengesetzt, und sucht oft durch Verursachung des fremden Leidens, dem Übel, dem Leiden des eigenen Individuums, zu entgehen, befangen im principio individuationis, getäuscht durch den Schleier der Maja. – Denn, wie auf dem tobenden Meere, das, nach allen Seiten unbegrenzt, heulend Wasserberge erhebt und senkt, auf einem Kahn ein Schiffer sitzt, dem schwachen Fahrzeug vertrauend, so sitzt mitten in einer Welt voll Qualen ruhig der einzige Mensch, gestützt und vertrauend auf das principium individuationis oder die Weise, wie das Individuum die Dinge erkennt, als Erscheinung. Die unbegrenzte Welt, voll Leiden überall, in unendlicher Vergangenheit, in unendlicher Zukunft, ist ihm fremd, ja ist ihm ein Märchen: seine verschwindende Person, seine ausdehnungslose Gegenwart, sein augenblickliches Behagen, dies allein hat Wirklichkeit für ihn: und dies zu erhalten, tut er alles, solange nicht eine bessere Erkenntnis ihm die Augen öffnet. Bis dahin lebt bloß in der innersten Tiefe seines Bewußtseins die ganz dunkle Ahnung, daß ihm jenes alles doch wohl eigentlich so fremd nicht sei, sondern einen Zusammenhang mit ihm hat, vor welchem das principium individuationis ihn nicht schützen kann. Aus dieser Ahnung stammt jenes so unvertilgbare und allen Menschen (ja vielleicht selbst den klügeren Tieren) gemeinsame Grausen, das sie plötzlich ergreift, wenn sie, durch irgendeinen Zufall, irre werden am principio individuationis, indem der Satz vom Grunde, in irgendeiner seiner Gestaltungen, eine Ausnahme zu erleiden scheint: z.B. wenn es scheint, daß irgendeine Veränderung ohne Ursache vor sich ginge oder ein Verstorbener wieder da wäre oder sonst irgendwie das Vergangene oder das Zukünftige gegenwärtig oder das Ferne nah wäre. Das ungeheure Entsetzen über so etwas gründet sich darauf, daß sie plötzlich irre werden an den Erkenntnisformen der Erscheinung, welche allein ihr eigenes Individuum von der übrigen Welt gesondert halten. Diese Sonderung aber ebenliegt nur in der Erscheinung und nicht im Dinge an sich: ebendarauf beruht die ewige Gerechtigkeit. – In der Tat steht alles zeitliche Glück und wandelt alle Klugheit – auf untergrabenem Boden. Sie schützen die Person vor Unfällen und verschaffen ihr Genüsse; aber die Person ist bloße Erscheinung, und ihre Verschiedenheit von anderen Individuen und das Freisein von den Leiden, welche diese tragen, beruht auf der Form der Erscheinung, dem principio individuationis. *Dem wahren Wesen der Dinge* nach hat jeder alle Leiden der Welt als die seinigen, ja alle nur möglichen als für ihn wirklich zu betrachten, solange er der feste Willen zum Leben ist, d.h. mit aller Kraft das Leben bejaht. Für die das principium individuationis durchschauende Erkenntnis ist ein glückliches Leben in der Zeit vom Zufall geschenkt oder ihm durch Klugheit abgewonnen, mitten unter den Leiden unzähliger anderer – doch nur der Traum eines Bettlers, in welchem er ein König ist, aber aus dem er erwachen muß, um zu erfahren, daß nur eine flüchtige Täuschung ihn von den Leiden seines Lebens getrennt hatte.

Dem in der Erkenntnis, welche dem Satz vom Grunde

folgt, in dem principio individuationis befangenen Blick entzieht sich die ewige Gerechtigkeit: er vermißt sie ganz, wenn er nicht etwa sie durch Fiktionen rettet. Er sieht den Bösen, nach Untaten und Grausamkeiten aller Art, in Freuden leben und unangefochten aus der Welt gehen. Er sieht den Unterdrückten ein Leben voll Leiden bis ans Ende schleppen, ohne daß sich ein Rächer, ein Vergelter zeigte. Aber die ewige Gerechtigkeit wird nur der begreifen und fassen, der über jene am Leitfaden des Satzes vom Grunde fortschreitende und an die einzelnen Dinge gebundene Erkenntnis sich erhebt, die Ideen erkennt, das principium individuationis durchschaut und inne wird, daß dem Dinge an sich die Formen der Erscheinung nicht zukommen. Dieser ist es auch allein, der, vermöge derselben Erkenntnis, das wahre Wesen der Tugend, wie es im Zusammenhang mit der gegenwärtigen Betrachtung sich uns bald aufschließen wird, verstehn kann; wiewohl zur Ausübung derselben diese Erkenntnis in abstracto keineswegs erfordert wird. Wer also bis zu der besagten Erkenntnis gelangt ist, dem wird es deutlich, daß, weil der Wille das An-sich aller Erscheinung ist, die über andere verhängte und die selbsterfahrene Qual, das Böse und das Übel, immer nur jenes eine und selbe Wesen treffen, wenngleich die Erscheinungen, in welchen das eine und das andere sich darstellt, als ganz verschiedene Individuen dastehn und sogar durch ferne Zeiten und Räume getrennt sind. Er sieht ein, daß die Verschiedenheit zwischen dem, der das Leiden verhängt, und dem, welcher es dulden muß, nur Phänomen ist und nicht das Ding an sich trifft, welches der in beiden lebende Wille ist, der hier, durch die an seinen Dienst gebundene Erkenntnis getäuscht, sich selbst verkennt, in *einer* seiner Erscheinungen gesteigertes Wohlsein suchend, in der *anderen* großes Leiden hervorbringt und so, im heftigen Drange, die Zähne in sein eigenes Fleisch schlägt, nicht wissend, daß er immer nur sich selbst verletzt, dergestalt, durch das Medium der Individuation, den Widerstreit mit sich selbst offenbarend, welchen er in seinem Innern trägt. Der Quäler und der Gequälte sind eines. Jener irrt, indem er sich der Qual, dieser, indem er sich der Schuld nicht teilhaft glaubt. Gingen ihnen beiden die Augen auf, so würde der das Leid verhängt erkennen, daß er in allem lebt, was auf der weiten Welt Qual leidet und, wenn mit Vernunft begabt, vergeblich nachsinnt, warum es zu so großem Leiden, dessen Verschuldung es nicht einsieht, ins Dasein gerufen ward: und der Gequälte würde einsehn, daß alles Böse, das auf der Welt verübt wird oder je ward, aus jenem Willen fließt, der auch *sein* Wesen ausmacht, auch in *ihm* erscheint und er durch diese Erscheinung und ihre Bejahung alle Leiden auf sich genommen hat, die aus solchem Willen hervorgehn, und sie mit Recht erduldet, solange er dieser Wille ist.

Der Punkt, an welchem die moralischen Tugenden und Laster des Menschen zuerst auseinandergehn, ist jener Gegensatz der Grundgesinnung gegen andre, welche nämlich entweder den Charakter des Neides oder aber den des Mitleides annimmt. Denn diese zwei einander diametral entgegengesetzten Eigenschaften trägt jeder Mensch in sich, indem sie entspringen aus der ihm unvermeidlichen Vergleichung seines eigenen Zustandes mit dem der andern: je nachdem nun das Resultat dieser auf seinen individuellen Charakter wirkt, wird die eine oder die andere Eigenschaft seine Grundgesinnung und die Quelle seines Handelns. Der Neid nämlich baut die Mauer zwischen Du und Ich fester auf: dem Mitleid wird sie dünn und durchsichtig; ja bisweilen reißt es sie ganz ein, wo dann der Unterschied zwischen Ich und Nicht-Ich verschwindet.

Wie ist es möglich, daß ein Leiden, welches nicht *meines* ist, nicht *mich* trifft, doch ebenso unmittelbar wie sonst nur mein eigenes Motiv für mich werden, mich zum Handeln bewegen soll? Es ist möglich nur dadurch, daß ich es, obgleich mir nur als ein Äußeres, bloß vermittelst der äußern Anschauung oder Kunde gegeben, dennoch *mitempfinde*, es als *meines fühle*, und doch nicht *in mir*, sondern *in einem andern* ... Dies aber setzt voraus, daß ich mich mit dem andern gewissermaßen identifiziert habe und folglich die Schranke zwischen Ich und Nicht-Ich für den Augenblick aufgehoben sei. Nur dann wird die Angelegenheit des andern, sein Bedürfnis, seine Not, sein Leiden unmittelbar zum meinigen: dann erblicke ich ihn nicht mehr, wie ihn doch die empirische Anschauung gibt, als ein mir Fremdes, mir Gleichgültiges, von mir gänzlich Verschiedenes, sondern *in ihm* leide ich mit, trotz dem, daß seine Haut meine Nerven nicht einschließt. Nur dadurch kann *sein* Wehe, *seine* Not, Motiv *für mich* werden, außerdem kann es durchaus nur meine eigene. *Dieser Vorgang ist mysteriös*; denn er ist etwas, wovon die Vernunft keine unmittelbare Rechenschaft geben kann und dessen Gründe auf dem Wege der Erfahrung nicht auszumitteln sind. Und doch ist er alltäglich. Jeder hat ihn oft an sich selbst erlebt, sogar dem Hartherzigsten und Selbstsüchtigsten ist er nicht fremd geblieben. Er tritt täglich ein vor unsern Augen, im einzelnen, im kleinen, überall, wo auf unmittelbaren Antrieb, ohne viel Überlegung ein Mensch dem andern hilft und beispringt, ja bisweilen selbst sein Leben für einen, den er zum ersten Male sieht, in die augenscheinlichste Gefahr setzt, ohne mehr dabei zu denken, als eben daß er die große Not und Gefahr des andern sieht.

Man setze zum letzten Beweggrund einer Handlung, was man wolle, immer wird sich ergeben, daß, auf irgendeinem Umwege, zuletzt *das eigene Wohl und Wehe des Handelnden* die eigentliche Triebfeder, mithin die Handlung *egoistisch*, folglich *ohne moralischen Wert* ist. Nur einen einzigen Fall gibt es, in welchem dies nicht statthat: nämlich wenn der letzte Beweggrund zu einer Handlung oder Unterlassung geradezu und ausschließlich im *Wohl und Wehe* irgendeines dabei passiv beteiligten *andern* liegt, also der aktive Teil bei seinem Handeln oder Unterlassen ganz allein das Wohl und Wehe des *andern* im Auge hat und durchaus nichts bezweckt, als daß jener andere unverletzt bleibe oder gar Hilfe, Beistand und Erleichterung erhalte. *Dieser Zweck allein* drückt einer Handlung oder Unterlassung den Stempel des *moralischen Wertes* auf, welcher demnach ausschließlich darauf beruht, daß die Handlung bloß zu Nutz und Frommen *eines andern* geschehe oder unterbleibe. Sobald nämlich dies *nicht* der Fall ist; so kann das *Wohl und Wehe*, welches zu *jeder* Handlung treibt oder von ihr abhält, nur das *des Handelnden selbst* sein: dann aber ist die Handlung oder Unterlassung allemal egoistisch, mithin *ohne moralischen Wert.*

Wenn nun aber meine Handlung ganz allein *des andern wegen* geschehen soll, so muß *sein Wohl und Wehe unmit-*

telbar mein Motiv sein: so bei allen andern Handlungen das *meinige* es ist. Dies bringt unser Problem auf einen engern Ausdruck, nämlich diesen: wie ist es irgend möglich, daß das Wohl und Wehe *eines andern* unmittelbar, d.h. ganz so wie sonst nur mein eigenes, meinen Willen bewege, also direkt mein Motiv werde, und sogar es bisweilen in dem Grade werde, daß ich demselben mein eigenes Wohl und Wehe, diese sonst alleinige Quelle meiner Motive, mehr oder weniger nachsetze? – Offenbar nur dadurch, daß jener andere *der letzte Zweck* meines Willens wird, ganz so wie sonst ich selbst es bin: also dadurch, daß ich ganz unmittelbar *sein* Wohl will und *sein* Wehe nicht will, so unmittelbar wie sonst nur das *meinige*. Dies aber setzt notwendig voraus, daß ich bei *seinem* Wehe als solchem geradezu mitleide, *sein* Wehe fühle wie sonst nur meines und deshalb sein Wohl unmittelbar will wie sonst nur meines. Dies erfordert aber, daß ich auf irgendeine Weise *mit ihm identifiziert* sei, d.h., daß jener gänzliche *Unterschied* zwischen mir und jedem andern, auf welchem gerade mein Egoismus beruht, wenigstens in einem gewissen Grade aufgehoben sei. Da ich nun aber doch nicht *in der Haut des andern* stecke, so kann allein vermittelst der *Erkenntnis*, die ich von ihm habe, d.h. der Vorstellung von ihm in meinem Kopf, ich mich so weit mit ihm identifizieren, daß meine Tat jenen Unterschied als aufgehoben ankündigt. Der hier analysierte Vorgang aber ist kein erträumter oder aus der Luft gegriffener, sondern ein ganz wirklicher, ja keineswegs seltener: es ist das alltägliche Phänomen des *Mitleids*, d.h. der ganz unmittelbaren, von allen anderweitigen Rücksichten unabhängigen *Teilnahme* zunächst am *Leiden* eines andern und dadurch an der Verhinderung oder Aufhebung dieses Leidens, als worin zuletzt alle Befriedigung und alles Wohlsein und Glück besteht. Dieses Mitleid ganz allein ist die wirkliche Basis aller *freien* Gerechtigkeit und aller *echten* Menschenliebe. Nur sofern eine Handlung aus ihm entsprungen ist, hat sie moralischen Wert: und jede aus irgendwelchen andern Motiven hervorgehende hat keinen. Sobald dieses Mitleid rege wird, liegt mir das Wohl und Wehe des andern unmittelbar am Herzen, ganz in derselben Art, wenn auch nicht stets in demselben Grade, wie sonst allein das meinige: also ist jetzt der Unterschied zwischen ihm und mir kein absoluter mehr...

Die Güte des Herzens besteht in einem tief gefühlten universellen Mitleid mit allem, was Leben hat, zunächst aber mit dem Menschen, weil mit der Steigerung der Intelligenz die Empfänglichkeit für das Leiden gleichen Schritt hält. Daher die unzähligen geistigen und körperlichen Leiden des Menschen das Mitleid viel stärker in Anspruch nehmen als der allein körperliche und selbst da dumpfere Schmerz des Tieres. Die Güte des Charakters wird demnach zunächst abhalten von jeder Verletzung des andern, worin es auch sei, sodann aber auch zur Hilfe auffordern, wo immer ein fremdes Leiden sich darbietet. Und auch hiermit kann es ebenso weit gehen wie in umgekehrter Richtung mit der Bosheit, nämlich bis dahin, daß Charaktere von seltener Güte sich fremdes Leiden mehr zu Herzen nehmen als eigenes und daher für andere Opfer bringen, durch welche sie selbst mehr leiden als vorhin der, dem sie geholfen...

Wie Fackeln und Feuerwerk vor der Sonne blaß und unscheinbar werden, so wird Geist, ja Genie, und ebenfalls die Schönheit überstrahlt und verdunkelt von der Güte des Herzens. Wo diese in hohem Grade hervortritt, kann sie den Mangel jener Eigenschaften so sehr ersetzen, daß man solche vermißt zu haben sich schämt. Sogar der beschränkteste Verstand, wie auch die groteske Häßlichkeit, werden, sobald die ungemeine Güte des Herzens sich in ihrer Begleitung kundgetan, gleichsam verklärt, umstrahlt von einer Schönheit höherer Art, indem jetzt aus ihnen eine Weisheit spricht, vor der jeder andere verstummen muß. Denn die Güte des Herzens ist eine transzendente Eigenschaft, gehört einer über dieses Leben hinausreichenden Ordnung der Dinge an und ist mit jeder andern Vollkommenheit inkommensurabel. Wo sie in hohem Grade vorhanden ist, macht sie das Herz so groß, daß es die Welt umfaßt, so daß jetzt alles in ihm, nichts mehr außerhalb liegt; da sie ja alle Wesen mit dem eigenen identifiziert. Alsdann verleiht sie auch gegen andere jene grenzenlose Nachsicht, die sonst jeder nur sich selber widerfahren läßt. Ein solcher Mensch ist nicht fähig, sich zu erzürnen: sogar wenn etwa seine eigenen intellektuellen oder körperlichen Fehler den boshaften Spott und Hohn anderer hervorgerufen haben, wirft er, in seinem Herzen, nur sich selber vor, zu solchen Äußerungen der Anlaß gewesen zu sein, und fährt daher, ohne sich Zwang anzutun, fort, jene auf das liebreichste zu behandeln, zuversichtlich hoffend, daß sie von ihrem Irrtum hinsichtlich seiner zurückkommen und auch in ihm sich selber wiedererkennen werden. – Was ist dagegen Witz und Genie?

Ein Mensch, der nach vielen bitteren Kämpfen gegen seine eigene Natur endlich ganz überwunden hat, ist nur noch als rein erkennendes Wesen, als ungetrübter Spiegel der Welt übrig. Ihn kann nichts ängstigen, nichts mehr bewegen; denn alle die tausend Fäden des Wollens, welche uns an die Welt gebunden halten und als Begierde, Furcht, Neid, Zorn uns hin und her reißen unter beständigem Schmerz, hat er abgeschnitten. Er blickt nun ruhig lächelnd zurück auf die Gaukelbilder dieser Welt, die einst auch sein Gemüt zu bewegen und zu peinigen vermochten, die aber jetzt so gleichgültig vor ihm stehn wie die Schachfiguren nach geendigtem Spiel oder wie am Morgen die abgeworfenen Maskenkleider, deren Gestalten uns in der Faschingsnacht neckten und beunruhigten. Das Leben und seine Gestalten schweben nur noch vor ihm, wie eine flüchtige Erscheinung, wie dem Halberwachten ein leichter Morgentraum, durch den schon die Wirklichkeit durchschimmert und der nicht mehr täuschen kann; und eben auch wie dieser verschwinden sie zuletzt ohne gewaltsamen Übergang.

Vor uns bleibt allerdings nur das Nichts. Aber das, was sich gegen dieses Zerfließen ins Nichts sträubt, unsere Natur, ist ja eben nur der Wille zum Leben, der wir selbst sind, wie er unsere Welt ist. Daß wir so sehr das Nichts verabscheuen, ist nichts weiter als ein anderer Ausdruck davon, daß wir so sehr das Leben wollen und nichts sind als dieser Wille und nichts kennen als eben ihn. – Wenden wir aber den Blick von unserer eigenen Dürftigkeit und Befangenheit auf diejenigen, welche die Welt überwanden, in denen der Wille, zur vollen Selbsterkenntnis gelangt, sich in allem wiederfand und dann sich selbst frei verneinte und welche dann nur noch seine letzte Spur mit dem Leibe, den sie belebt, verschwinden zu sehn abwarten, so zeigt sich uns statt des rastlosen Dranges und Treibens, statt des steten Überganges von Wunsch zu Furcht und von Freude zu Leid, statt der nie befriedigten und nie ersterbenden Hoffnung, daraus der Lebenstraum des wollenden Menschen besteht, jener Friede, der höher ist als alle Vernunft, jene gänzliche Meeresstille des Gemüts, jene tiefe Ruhe, unerschütterliche Zuversicht und Heiterkeit, deren bloßer Abglanz im Antlitz, wie ihn Raffael und Corregio dargestellt haben, ein ganzes und sicheres Evangelium ist. Nur die Erkenntnis ist geblieben, der Wille ist verschwunden. Wir aber blicken dann mit tiefer und schmerzlicher Sehnsucht auf diesen Zustand, neben welchem das Jammervolle und Heillose unsers eigenen durch den Kontrast in vollem Lichte erscheint. Dennoch ist diese Betrachtung die einzige, welche uns dauernd trösten kann, wenn wir einerseits unheilbares Leiden und endlosen Jammer als der Erscheinung des Willens, der Welt, wesentlich erkannt haben und andererseits, bei aufgehobenem Willen, die Welt zerfließen sehn und nur das leere Nichts vor uns behalten. Also auf diese Weise, durch Betrachtung des Lebens und Wandels der Heiligen, welchen in der eigenen Erfahrung zu begegnen freilich selten vergönnt ist, aber welche ihre aufgezeichnete Geschichte und mit dem Stempel innerer Wahrheit verbürgt, die Kunst uns vor die Augen bringt, haben wir den finstern Eindruck jenes Nichts, das als das letzte Ziel hinter aller Tugend und Heiligkeit schwebt und das wir, wie die Kinder das Finstere, fürchten, zu verscheuchen; statt selbst es zu umgehn, wie die Inder, durch Mythen und bedeutungsleere Worte wie

Resorption [Aufnahme] in das *Brahm* oder *Nirwana* der Buddhaisten. Wir bekennen es vielmehr frei: was nach gänzlicher Aufhebung des Willens übrigbleibt, ist für alle die, welche noch des Willens voll sind, allerdings nichts. Aber auch umgekehrt ist denen, in welchen der Wille sich gewendet und verneint hat, diese unsere so sehr reale Welt mit allen ihren Sonnen und Milchstraßen – nichts.

Von der Natur des Menschen

Die Haupt- und Grundtriebfeder im Menschen wie im Tiere ist der *Egoismus*, d. h. der Drang zum Dasein und Wohlsein ... Dieser Egoismus ist im Tiere wie im Menschen mit dem innersten Kern und Wesen desselben aufs genaueste verknüpft, ja, eigentlich identisch. Daher entspringen in der Regel alle seine Handlungen aus dem Egoismus, und aus diesem zunächst ist allemal die Erklärung einer gegebenen Handlung zu versuchen; wie denn auch auf denselben die Berechnung aller Mittel, dadurch man den Menschen nach irgendeinem Ziele hinzulenken sucht, durchgängig gegründet ist. Der Egoismus ist seiner Natur nach grenzenlos: der Mensch will unbedingt sein Dasein erhalten, will es von Schmerzen, zu denen auch aller Mangel und Entbehrung gehört, unbedingt frei, will die größtmögliche Summe von Wohlsein und will jeden Genuß, zu dem er fähig ist, ja, sucht womöglich noch neue Fähigkeiten zum Genusse in sich zu entwickeln. Alles, was sich dem Streben seines Egoismus entgegenstellt, erregt seinen Unwillen, Zorn, Haß: er wird es als einen Feind zu vernichten suchen. Er will womöglich alles genießen, alles haben; da aber dies unmöglich ist, wenigstens alles beherrschen: »Alles für mich und nichts für die andern«, ist sein Wahlspruch. Der Egoismus ist kolossal: er überragt die Welt. Denn, wenn jedem einzelnen die Wahl gegeben würde zwischen seiner eigenen und der übrigen Welt Vernichtung, so brauche ich nicht zu sagen, wohin sie, bei den allermeisten, ausschlagen würde. Demgemäß macht jeder sich zum Mittelpunkt der Welt, bezieht alles auf sich und wird, was nur vorgeht, z.B. die größten Veränderungen im Schicksal der Völker, zunächst auf *sein* Interesse dabei beziehen und, sei dieses auch noch so klein und mittelbar, vor allem daran denken. Keinen größeren Kontrast gibt es als den zwischen dem hohen und exklusiven Anteil, den jeder an seinem eigenen Selbst nimmt, und der Gleichgültigkeit, mit der in der Regel alle andern ebenjenes Selbst betrachten, wie er ihres. Es hat sogar seine komische Seite, die zahllosen Individuen zu sehn, deren jedes, wenigstens in praktischer Hinsicht, sich allein für *real* hält und die andern gewissermaßen als bloße Phantome betrachtet …

Dieses also sind die Elemente, woraus, auf der Basis des Willens zum Leben, der Egoismus erwächst, welcher zwischen Mensch und Mensch stets wie ein breiter Graben liegt. Springt wirklich einmal einer darüber, dem andern zu Hilfe, so ist es wie ein Wunder, welches Staunen erregt und Beifall einerntet …

Dieser Egoismus nämlich, von dem wir alle strotzen und welchen als unsere partie honteuse zu verstecken wir die Höflichkeit erfunden haben, guckt aus allen ihm übergeworfenen Schleiern meistens dadurch hervor, daß wir in jedem, der uns vorkommt, wie instinktmäßig zunächst nur ein mögliches Mittel zu irgendeinem unserer stets zahlreichen Zwecke suchen …

Wer im Kleinen rücksichtslos ist, wird im Großen ruchlos sein. – Wer die kleinen Charakterzüge unbeachtet läßt, hat es sich selber zuzuschreiben, wenn er nachmals aus den großen den betreffenden Charakter, zu seinem Schaden, kennenlernt. – Nach demselben Prinzip soll man auch mit sogenannten guten Freunden, selbst über Kleinigkeiten, wenn sie einen boshaften oder schlechten oder gemeinen Charakter verraten, sogleich brechen, um dadurch ihren großen schlechten Streichen vorzubeugen, die nur auf Gelegenheit warten, sich einzustellen. Stets denke man: Besser allein als unter Verrätern.

Der Charakter des Menschen ist *konstant*. Er bleibt derselbe, das ganze Leben hindurch. Unter der veränderlichen Hülle seiner Jahre, seiner Verhältnisse, selbst seiner Kenntnisse und Ansichten steckt, wie ein Krebs in seiner Schale, der identische und eigentliche Mensch, ganz unverändert und immer derselbe. Bloß in der Richtung und dem Stoff erfährt sein Charakter die scheinbaren Modifikationen, welche Folge der Verschiedenheit der Lebensalter und ihrer Bedürfnisse sind. *Der Mensch ändert sich nie:* Wie er in einem Falle gehandelt hat, so wird er unter völlig gleichen Umständen (zu denen jedoch auch die richtige Kenntnis dieser Umstände gehört) stets wieder handeln. Die Bestätigung dieser Wahrheit kann man aus der täglichen Erfahrung entnehmen: am frappantesten aber erhält man sie, wenn man einen Bekannten nach zwanzig bis dreißig Jahren wiederfindet und ihn nun bald genau auf denselben Streichen betrifft wie ehemals.

Wer, durch Erfahrung oder fremde Ermahnung belehrt, einen Grundfehler seines Charakters erkennt und beklagt, faßt wohl den festen und redlichen Vorsatz, sich zu bessern und ihn abzulegen, trotzdem aber erhält bei nächster Gelegenheit der Fehler freien Lauf. *Neue Reue, neuer Vorsatz, neues Vergehen.* Wenn dies einige Male so durchgemacht ist, wird er inne, daß er sich nicht bessern kann, daß der Fehler in seiner Natur und Persönlichkeit liegt, ja mit dieser eins ist. Jetzt wird er seine Natur und Persönlichkeit mißbilligen und verdammen, ein schmerzliches Gefühl haben, welches bis zur Gewissenspein steigen kann; aber jene zu ändern vermag er nicht.

Der Mensch ist im Grunde ein wildes, entsetzliches Tier. Wir kennen es bloß im Zustande der Bändigung und Zähmung, welcher Zivilisation heißt: daher erschrecken uns die gelegentlichen Ausbrüche seiner Natur. Aber wo und wann einmal Schloß und Kette der gesetzlichen Ordnung abfallen und Anarchie eintritt, da zeigt sich, was er ist …

Gobineau hat den Menschen l'animal méchant par excellence [das recht eigentlich böse Tier] genannt, welches die Leute übelnehmen, weil sie sich getroffen fühlen; er hat aber recht: denn der Mensch ist das einzige Tier, welches andern Schmerz verursacht, ohne weitern Zweck als ebendiesen. Die andern Tiere tun es nie anders, als um ihren Hunger zu befriedigen; oder im Zorn des Kampfes. Wenn dem Tiger nachgesagt wird, er töte mehr, als er auffresse, so würgt er alles doch nur in der Absicht, es zu fressen, und es liegt bloß daran, daß, wie die französische Redensart es ausdrückt, ses yeux sont plus grands que son estomac [seine Augen sind größer als sein Magen]. Kein Tier jemals quält, bloß um zu quälen; aber dies tut der Mensch, und dies macht den teuflischen Charakter aus, der weit ärger ist als der bloß tierische. Von der Sache im Großen ist schon geredet: aber auch im Kleinen wird sie deutlich; wo denn jeder sie zu beobachten täglich Gelegenheit hat. Z.B. wenn zwei junge Hunde miteinander spielen, so friedlich und lieblich anzusehn – und ein Kind von drei bis vier Jahren kommt dazu; so wird es sogleich mit seiner Peitsche oder Stock heftig dareinschlagen, fast unausbleiblich, und dadurch zeigen, daß es schon l'animal méchant par excellence ist. Sogar auch die so häufig zwecklose Nekkerei und der Schabernack entspringt aus dieser Quelle. Z.B. hat man etwa über irgendeine Störung oder sonstige kleine Unannehmlichkeit sein Mißbehagen geäußert; so wird es nicht an Leuten fehlen, die sie gerade deshalb zuwege bringen: l'animal méchant par excellence! Das ist so gewiß, daß man sich hüten soll, sein Mißfallen an kleinen Übelständen zu äußern; sogar auch umgekehrt sein Wohlgefallen an irgendeiner Kleinigkeit. Denn im letztern Fall werden sie es machen wie jener Gefängniswärter, der, als er entdeckte, daß sein Gefangener das mühsame Kunststück vollbracht hatte, eine Spinne zahm zu machen, und an ihr seine Freude hatte, sie sogleich zertrat: l'animal méchant par excellence! Darum fürchten alle Tiere instinktmäßig den Anblick, ja, die Spur des Menschen – des animal méchant par excellence. Der Instinkt trügt auch hier nicht: denn allein der Mensch macht Jagd auf das Wild, welches ihm weder nützt noch schadet …

Wirklich also liegt im Herzen eines jeden ein wildes Tier, das nur auf Gelegenheit wartet, um zu toben und zu rasen, indem es andern wehe tun und, wenn sie gar ihm den Weg versperren, sie vernichten möchte: es ist ebendas, woraus alle Kampf- und Kriegslust entspringt; und ebendas, welches zu bändigen und einigermaßen in Schranken zu halten die Erkenntnis, sein beigegebener Wächter, stets vollauf zu tun hat. Immerhin mag man es das radikale Böse nennen, als womit wenigstens denen, welchen ein Wort die Stelle einer Erklärung vertritt, gedient sein wird. Ich aber sage: es ist der Wille zum Leben, der, durch das stete Leiden des Daseins mehr und mehr erbittert, seine eigene Qual durch das Verursachen der fremden zu erleichtern sucht. Aber auf diesem Wege entwickelt er sich allmählich zur eigentlichen Bosheit und Grausamkeit. Auch kann man hierzu die Bemerkung machen, daß, wie, nach Kant, die Materie nur durch den Antagonismus der Expansions- und Kontraktionskraft besteht; so die menschliche Gesellschaft nur durch den des Hasses oder Zorns und der Furcht. Denn *die Gehässigkeit unserer Natur* würde vielleicht jeden einmal zum Mörder machen, wenn ihr nicht eine gehörige Dosis Furcht beigegeben wäre, um sie in Schranken zu halten; und wiederum diese allein würde ihn zum Spott und Spiel jedes Buben machen, wenn nicht in ihm der Zorn bereitläge und Wache hielte.

Der schlechteste Zug in der menschlichen Natur bleibt aber die *Schadenfreude*, da sie der Grausamkeit enge verwandt ist, ja eigentlich von dieser sich nur wie Theorie und Praxis unterscheidet, überhaupt aber da eintritt, wo das Mitleid seine Stelle finden sollte, welches … die wahre Quelle aller echten Gerechtigkeit und Menschenliebe ist. In einem andern Sinne dem Mitleid entgegengesetzt ist der *Neid*; sofern er nämlich durch den entgegengesetzten Anlaß hervorgerufen wird: sein Gegensatz zum Mitleid beruht also zunächst auf dem Anlaß, und erst infolge hievon zeigt er sich auch in der Empfindung selbst. Daher eben ist der Neid, wenngleich verwerflich, doch noch einer Entschuldigung fähig und überhaupt menschlich; während die Schadenfreude teuflisch und ihr Hohn das Gelächter der Hölle ist. Sie tritt, wie gesagt, gerade da ein, wo Mitleid eintreten sollte; der Neid hingegen doch nur da, wo kein Anlaß zu diesem, vielmehr zum Gegenteil desselben vorhanden ist; und eben als dieses Gegenteil entsteht er in der menschlichen Brust, mithin so weit noch als eine menschliche Gesinnung: ja, ich befürchte, daß keiner ganz frei davon befunden werden wird. Denn daß der Mensch beim Anblick fremden Genusses und Besitzes den eigenen Mangel bitterer fühle, ist natürlich, ja, unvermeidlich: nur sollte dies nicht seinen Haß gegen den Beglückteren erregen: gerade hierin aber besteht der eigentliche Neid.

»Ich kann tun, was ich will.« Weiter geht die Aussage des unmittelbaren Selbstbewußtseins nicht, wie man sie auch wenden und in welcher Form man auch die Frage stellen mag. Seine Aussage bezieht sich also immer auf das *tun können dem Willen gemäß*: dies aber ist der empirische, ursprüngliche und populäre Begriff der Freiheit, nach welchem *frei* bedeutet *»dem Willen gemäß«*. Diese Freiheit wird das Selbstbewußtsein unbedingt aussagen. Aber es ist nicht die, wonach wir fragen. Das Selbstbewußtsein sagt die Freiheit des *Tuns* aus – unter Voraussetzung des Wollens: aber die Freiheit des *Wollens* ist es danach gefragt worden. Wir forschen nämlich nach dem Verhältnis des Wollens selbst zum Motiv:

hierüber aber enthält jene Aussage »ich kann tun, was ich will« nichts. Die Abhängigkeit unseres Tuns, d.h. unserer körperlichen Aktionen von unserm Willen, welche das Selbstbewußtsein allerdings aussagt, ist etwas ganz anderes als die Unabhängigkeit unserer Willensakte von den äußeren Umständen, welche die Willensfreiheit ausmachen würde, über welche aber das Selbstbewußtsein nichts aussagen kann, weil sie außerhalb seiner Sphäre liegt …

Sache des Selbstbewußtseins ist allein der Willensakt, nebst seiner absoluten Herrschaft über die Glieder des Leibes, welche eigentlich mit dem »was ich will« gemeint ist. Auch ist es erst der Gebrauch dieser Herrschaft, d. i. *die Tat*, die ihn, selbst für das Selbstbewußtsein, zum Willensakte stempelt. Denn solange er im Werden begriffen ist, heißt er *Wunsch*, wenn er fertig, *Entschluß*; daß er aber dies sei, beweist dem Selbstbewußtsein selbst erst die Tat: denn bis zu ihr ist er veränderlich. Und hier stehn wir schon gleich an der Hauptquelle jenes allerdings nicht zu leugnenden Scheines, vermöge dessen der Unbefangene (d. i. philosophisch Rohe) meint, daß ihm in einem gegebenen Fall entgegengesetzte Willensakte möglich wären, und dabei auf sein Selbstbewußtsein pocht, welches, meint er, dies aussagte. Er verwechselt nämlich Wünschen mit Wollen. *Wünschen* kann er Entgegengesetztes, aber *wollen* nur eines davon: und welches dieses sei, offenbart auch dem Selbstbewußtsein allererst *die Tat* …

Befragte man einen ganz unbefangenen Menschen, so würde er jenes unmittelbare Bewußtsein, welches so häufig für das einer vermeinten Willensfreiheit gehalten wird, etwa so ausdrücken: »Ich kann tun, was ich will: will ich links gehn, so gehe ich links: will ich rechts gehen, so gehe ich rechts. Das hängt ganz allein von meinem Willen ab: ich bin also frei.« Diese Aussage ist allerdings vollkommen wahr und richtig: nur liegt bei ihr der Wille schon in der Voraussetzung; sie nimmt nämlich an, daß er sich schon entschieden habe: also kann über sein eigenes Freisein dadurch nichts ausgemacht werden. Denn sie redet keineswegs von der Abhängigkeit oder Unabhängigkeit des *Eintritts* des Willensaktes selbst, sondern nur von den *Folgen* dieses Akts, sobald er eintritt, oder genauer zu reden, von seiner unausbleiblichen Erscheinung als Leibesaktion. Das jener Aussage zum Grunde liegende Bewußtsein ist es aber ganz allein, was den Unbefangenen, d.h. den philosophisch rohen Menschen, der dabei jedoch in andern Fächern ein großer Gelehrter sein kann, die Willensfreiheit für etwas so ganz unmittelbar Gewisses halten läßt, daß er sie als unzweifelhafte Wahrheit ausspricht und eigentlich gar nicht glauben kann, die Philosophen zweifelten im Ernste daran, sondern in seinem Herzen meint, all das Gerede darüber sei bloße Fechtübung der Schuldialektik und im Grunde Spaß. Eben aber weil ihm die durch jenes Bewußtsein gegebene und allerdings wichtige Gewißheit stets so sehr zur Hand ist und zudem weil der Mensch als ein zunächst und wesentlich praktisches, nicht theoretisches Wesen sich der *aktiven* Seite seiner Willensakte, d.h. der ihrer Wirksamkeit, sehr viel deutlicher bewußt wird als der *passiven*, d.h. der ihrer Abhängigkeit, so hält es schwer, dem philosophisch rohen Menschen den eigentlichen Sinn unseres Problems faßlich zu machen und ihn dahin zu bringen, daß er begreift, die Frage sei jetzt nicht nach den *Folgen*, sondern nach den *Gründen* seines jedesmaligen Wollens; sein *Tun* zwar hänge ganz allein von seinem Wollen ab, jetzt aber verlange man zu wissen, wovon denn *sein Wollen selbst* abhänge, ob von gar nichts oder von etwas? er könne allerdings das eine *tun*, wenn er wolle, und ebensogut das andere *tun*, wenn er wolle: aber er solle jetzt sich besinnen, ob er denn auch das eine wie das andere zu *wollen* fähig sei. Stellt man nun in dieser Absicht dem Menschen die Frage etwa so: »Kannst du wirklich von in dir aufgestiegenen entgegengesetzten Wünschen dem einen sowohl als dem andern Folge leisten? z.B bei einer Wahl zwischen zwei einander ausschließenden Gegenständen des Besitzes ebensogut den einen als den andern vorziehen?« Da wird er sagen: »Vielleicht kann mir die Wahl schwerfallen; immer jedoch wird es ganz allein von mir abhängen, ob ich das eine oder das andere wählen *will*, und von keiner andern Gewalt: da habe ich volle Freiheit, welches ich *will*, zu erwählen, und dabei werde ich immer ganz allein meinen *Willen* befolgen.« – Sagt man nun: »Aber dein Wollen selbst, wovon hängt das ab?«, so antwortet der Mensch aus dem Selbstbewußtsein: »Von gar nichts als von mir! Ich kann wollen, was ich will: was ich will, das will ich.« – Und letzteres sagt er, ohne dabei die Tautologie zu beabsichtigen oder auch nur im Innersten seines Bewußtseins sich auf den Satz der Identität zu stützen, vermöge dessen allein das wahr ist. Sondern hier aufs äußerste bedrängt, redet er von einem Wollen seines Wollens, welches ist, als ob er von einem Ich seines Ichs redete. Man hat ihn auf den Kern seines Selbstbewußtseins zurückgetrieben, wo er sein Ich und seinen Willen als ununterscheidbar antrifft, aber nichts übrigbleibt, um beide zu beurteilen. Ob bei jener Wahl sein *Wollen selbst* des einen und nicht des andern, da seine Person und die Gegenstände der Wahl hier als gegeben angenommen sind, irgend möglicherweise auch anders ausfallen könnte, als es zuletzt ausfällt; oder ob durch die eben angegebenen Data dasselbe so notwendig festgestellt ist, wie daß im Triangel dem größten Winkel die größte Seite gegenüberliegt, das ist eine Frage, die dem natürlichen *Selbstbewußtsein* so fernliegt, daß es nicht einmal zu ihrem Verständnis zu bringen ist, geschweige, daß es die Antwort auf sie fertig oder auch nur als unentwickelten Keim in sich trüge und sie nur naiv von sich zu geben brauchte ...

Die Unsicherheit und das Schwanken seiner Erklärungen zeigen genugsam, daß sein unmittelbares Selbstbewußtsein über die richtig verstandene Frage keine Auskunft liefert, wie es vorhin über die irrig verstandene sie gleich bereit hatte. Dies liegt im letzten Grunde daran, daß des Menschen Wille sein eigentliches Selbst, der wahre Kern seines Wesens ist: daher macht derselbe den Grund seines Bewußtseins aus als ein schlechthin Gegebenes und Vorhandenes, darüber er nicht hinauskann. Denn er selbst ist, wie er will, und will, wie er ist. Daher ihn fragen, ob er auch anders wollen könnte, als er will, heißt ihn fragen, ob er auch wohl ein anderer sein könnte als er selbst: und das weiß er nicht.

Wollen wir uns einen Menschen denken, der etwa auf der Gasse stehend zu sich sagte: »Es ist sechs Uhr abends, die Tagesarbeit ist beendigt. Ich kann jetzt einen Spaziergang machen, oder ich kann in den Klub gehn; ich kann auf den Turm steigen, die Sonne untergehen zu sehen; ich kann auch ins Theater gehn; ich kann auch diesen oder aber jenen Freund besuchen; ja ich kann auch zum Tor hinauslaufen in die weite Welt und nie wiederkommen. Das alles steht allein bei mir, ich habe völlige Freiheit dazu, tue jedoch davon jetzt nichts, sondern gehe ebenso freiwillig nach Hause, zu meiner Frau.«

Das ist gerade so, als wenn das Wasser spräche: »Ich kann hohe Wellen schlagen (ja! nämlich im Meer und Sturm), ich kann reißend hinabeilen (ja! nämlich im Bette des Stroms), ich kann schäumend und sprudelnd hinunterstürzen (ja! nämlich im Wasserfall), ich kann frei als Strahl in die Luft steigen (ja! nämlich im Springbrunnen), ich kann endlich gar verkochen und verschwinden (ja! bei 80° Wärme*); tue jedoch von dem allen jetzt nichts, sondern bleibe freiwillig ruhig und klar im spiegelnden Teiche.«

Wie das Wasser jenes alles nur dann kann, wenn die bestimmenden Ursachen zum einen oder zum anderen eintreten, ebenso kann jeder Mensch, was er zu können wähnt, nicht anders als unter derselben Bedingung. Bis die Ursachen eintreten, ist es ihm unmöglich: dann aber *muß* er es so gut wie das Wasser, sobald es in die entsprechenden Umstände versetzt ist.

Die Frage nach der Willensfreiheit ist ein Probierstein, an welchem man die tief denkenden Geister von den oberflächlichen unterscheiden kann, oder ein Grenzstein, wo beide auseinandergehn, indem die ersteren sämtlich das notwendige Erfolgen der Handlung bei gegebenem Charakter und Motiv behaupten, die letzteren hingegen mit dem großen Haufen der Willensfreiheit anhängen. Sodann gibt es noch einen

* nach der Temperaturskala von René-Antoine de Réaumur (1683–1757). (Anm. d. Hrsg.)

Mittelschlag, welcher, sich verlegen fühlend, hin und her laviert, sich und andern den Zielpunkt verrückt, sich hinter Worte und Phrasen flüchtet oder die Frage solange dreht und verdreht, bis man nicht mehr weiß, worauf sie hinauslief …

Und dann wieder die medizinischen, zoologischen, historischen, politischen und belletristischen Schriftsteller unserer Tage, wie äußerst gern ergreifen sie jede Gelegenheit, um die »Freiheit des Menschen«, die »sittliche Freiheit« zu erwähnen! Sie dünken sich etwas damit. Auf eine Erklärung derselben lassen sie sich freilich nicht ein: aber wenn man sie examinieren dürfte, würde man finden, daß sie dabei entweder gar nichts oder aber unser altes, ehrliches, wohlbekanntes *liberum arbitrium indifferentiae* [freie Wahlentscheidung] denken, in so vornehme Redensarten sie es auch kleiden möchten, also einen Begriff, von dessen Unstatthaftigkeit den großen Haufen zu überzeugen wohl nimmer gelingen wird, von welchem jedoch Gelehrte sich hüten sollten mit soviel Unschuld zu reden. Daher eben gibt es auch einige Verzagte unter ihnen, welche sehr belustigend sind, indem sie nicht mehr sich unterstehen, von der Freiheit des *Willens* zu reden, sondern, um es fein zu machen, statt dessen sagen »Freiheit des *Geistes*« und damit durchzuschleichen hoffen. Was sie sich dabei denken, weiß ich glücklicherweise dem mich fragend ansehenden Leser anzugeben: Nichts, rein gar nichts – als daß es eben, nach guter deutscher Art und Kunst, ein unentschiedener, ja eigentlich nichtssagender Ausdruck ist, welcher einen ihrer Leerheit und Feigheit erwünschten Hinterhalt gewährt, zum Entwischen …

Wenn wir nun alle Freiheit des menschlichen Handelns völlig aufgehoben und dasselbe als durchweg der strengsten

Notwendigkeit unterworfen erkannt haben, so sind wir ebendadurch auf den Punkt geführt, auf welchem wir die *wahre moralische Freiheit*, welche höherer Art ist, werden begreifen können.

Es gibt nämlich noch eine Tatsache des Bewußtseins, von welcher ich bisher gänzlich abgesehen habe. Diese ist das völlig deutliche und sichere Gefühl der *Verantwortlichkeit* für das, was wir tun, der *Zurechnungsfähigkeit* für unsere Handlungen, beruhend auf der unerschütterlichen Gewißheit, daß wir selbst *die Täter unserer Taten* sind. Vermöge dieses Bewußtseins kommt es keinem, auch dem nicht, der von der im Bisherigen dargelegten Notwendigkeit, mit welcher unsere Handlungen eintreten, völlig überzeugt ist, jemals in den Sinn, sich für ein Vorgehen durch diese Notwendigkeit zu entschuldigen und die Schuld von sich auf die Motive zu wälzen, da ja bei deren Eintritt die Tat unausbleiblich war. Denn er sieht sehr wohl ein, daß diese Notwendigkeit eine *subjektive* Bedingung hat und daß hier *objective* [den Tatsachen nach], d. h. unter den vorhandenen Umständen, also unter der Einwirkung der Motive, die ihn bestimmt haben, doch eine ganz andere Handlung, ja die der seinigen gerade entgegengesetzte, sehr wohl möglich war und hätte geschehen können, *wenn nur er ein anderer gewesen wäre:* hieran allein hat es gelegen. *Ihm*, weil er dieser und kein anderer ist, weil er einen solchen und solchen Charakter hat, war freilich keine andere Handlung möglich; aber an sich selbst, also *objective*, war sie möglich. Die *Verantwortlichkeit*, deren er sich bewußt ist, trifft daher bloß zunächst und ostensibel [augenscheinlich] die Tat, im Grunde aber *seinen Charakter*: für *diesen* fühlt er sich verantwortlich. Und für *diesen* machen ihn auch die andern verantwortlich, indem ihr Urteil sogleich die Tat verläßt, um die Eigenschaften des Täters festzustellen: »er ist ein schlechter Mensch, ein Bösewicht« – oder »er ist ein Spitzbube« – oder »er ist eine kleine, falsche, niederträchtige Seele« – so lautet ihr Urteil, und auf seinen *Charakter* laufen ihre Vorwürfe zurück. Die Tat, nebst dem Motiv, kommt dabei bloß als Zeugnis von dem Charakter des Täters in Betracht, gilt aber als sicheres Symptom desselben, wodurch er unwiderruflich und auf immer festgestellt ist …

Also nicht auf die vorübergehende Tat, sondern auf die bleibenden Eigenschaften des Täters, d. h. des Charakters, aus welchem sie hervorgegangen, wirft sich der Haß, der Abscheu und die Verachtung. Daher sind in allen Sprachen die Epitheta moralischer Schlechtigkeit, die Schimpfnamen, welche sie bezeichnen, viel mehr Prädikate des *Menschen* als der Handlungen. Dem *Charakter* werden sie angehängt, denn dieser hat die Schuld zu tragen, deren er auf Anlaß der Taten bloß überführt worden.

Da, wo die *Schuld* liegt, muß auch die *Verantwortlichkeit* liegen; und da diese das alleinige Datum [Tatsache] ist, welches auf moralische Freiheit zu schließen berechtigt, so muß auch die Freiheit ebendaselbst liegen, also im *Charakter* des Menschen; um so mehr, als wir uns hinlänglich überzeugt haben, daß sie unmittelbar in den einzelnen Handlungen nicht anzutreffen ist, welche, unter Voraussetzung des Charakters, streng necessitiert [notgedrungen] eintreten. Der Charakter aber ist … angeboren und unveränderlich.

Es ist durchaus weder Metapher noch Hyperbel, sondern ganz trockene und buchstäbliche Wahrheit, daß, sowenig eine Kugel auf dem Billard in Bewegung geraten kann, ehe sie einen Stoß erhält, ebensowenig ein Mensch von einem Stuhle aufstehen kann, ehe ein Motiv ihn wegzieht oder treibt: dann aber ist sein Aufstehn so notwendig und unausbleiblich wie das Rollen der Kugel nach dem Stoß. Und zu erwarten, daß einer etwas tue, wozu ihn durchaus kein Interesse auffordert, ist wie erwarten, daß ein Stück Holz sich zu mir bewege, ohne einen Strick, der es zöge. Wer etwa dergleichen behauptend in einer Gesellschaft hartnäckigen Widerspruch erführe, würde am kürzesten aus der Sache kommen, wenn er durch einen Dritten plötzlich mit lauter und ernster Stimme rufen ließe: »Das Gebälk stürzt ein!«, wodurch die Widersprecher zu der Einsicht gelangen würden, daß ein Motiv ebenso mächtig ist, die Leute zum Hause hinauszuwerfen, wie die handfesteste mechanische Ursache.

Denn der Mensch ist, wie alle Gegenstände der Erfahrung, eine Erscheinung in Zeit und Raum, und da das Gesetz der Kausalität für alle diese a priori und folglich ausnahmslos gilt, muß auch er ihm unterworfen sein. So sagt es der reine Verstand a priori, so bestätigt es die durch die ganze Natur geführte Analogie, und so bezeugt es die Erfahrung jeden Augenblick, wenn man sich nicht täuschen läßt durch den Schein, der dadurch herbeigeführt wird, daß, indem die Naturwesen, sich höher und höher steigernd, komplizierter werden und ihre Empfänglichkeit von der bloß mechanischen zur chemischen, elektrischen, reizbaren, sensiblen, intellektuellen und endlich rationellen sich erhebt und verfeinert, auch die Natur der einwirkenden Ursachen hiemit gleichen Schritt halten und auf jeder Stufe den Wesen, auf welche gewirkt werden soll, entsprechend ausfallen muß: daher denn auch die Ursachen immer weniger palpabel und materiell sich darstellen, so daß sie zuletzt nicht mehr dem Auge sichtbar, wohl aber dem Verstand erreichbar sind, der sie, im einzelnen Fall, mit unerschütterlicher Zuversicht voraussetzt und bei gehörigem Forschen auch entdeckt. Denn hier sind die wirklichen Ursachen gesteigert zu bloßen Gedanken, die mit andern Gedanken kämpfen, bis der mächtigste von ihnen den Ausschlag gibt und den Menschen in Bewegung setzt; welches alles in ebensolcher Strenge des Kausalzusammenhanges vor sich geht, wie wenn rein mechanische Ursachen in komplizierter Verbindung einander entgegenwirken und der berechnete Erfolg unfehlbar eintritt. Den Augenschein der Ursachlosigkeit, wegen Unsichtbarkeit der Ursache, haben die im Glase nach allen Richtungen umherhüpfenden elektrisierten Korkkügelchen ebensosehr wie die Bewegungen des Menschen: das Urteil aber kommt nicht dem Auge zu, sondern dem Verstande …

Alles kommt zuletzt darauf an, wo der eigentliche *Ernst* des Menschen liegt. Bei fast allen liegt er ausschließlich im eigenen Wohl und dem der Ihrigen; daher sie dies und nichts anderes zu fördern imstande sind; weil eben kein Vorsatz, keine willkürliche und absichtliche Anstrengung, den wahren, tiefen, eigentlichen Ernst verleiht oder ersetzt oder richtiger verlegt. Denn er bleibt stets da, wo die Natur ihn hingelegt hat: ohne ihn aber kann alles nur halb betrieben werden. Daher sorgen aus demselben Grunde geniale Individuen oft schlecht für ihre eigene Wohlfahrt. Wie ein bleiernes Anhängsel einen Körper immer wieder in die Lage zurückbringt, die sein durch dasselbe determinierter Schwerpunkt erfordert; so zieht der wahre Ernst des Menschen die Kraft und Aufmerksamkeit des Intellekts immer dahin zurück, wo er *liegt*: alles andere treibt der Mensch ohne *wahren Ernst*. Daher sind allein die höchst seltenen, abnormen Menschen, deren wahrer Ernst nicht im Persönlichen und Praktischen, sondern im Objektiven und Theoretischen liegt, imstande, das Wesentliche der Dinge und der Welt, also die höchsten Wahrheiten, aufzufassen und in irgendeiner Art und Weise wiederzugeben. Denn ein solcher außerhalb des Individui, in das *Objektive* fallender Ernst desselben ist etwas der menschlichen Natur Fremdes, etwas Unnatürliches, eigentlich Übernatürliches: jedoch allein durch ihn ist ein Mensch *groß*, und demgemäß wird alsdann sein Schaffen einem von ihm verschiedenen *Genius* zugeschrieben, der ihn in Besitz nehme. Einem solchen Menschen ist sein Bilden, Dichten oder Denken *Zweck*, den übrigen ist es *Mittel*. Diese suchen dabei *ihre Sache* und wissen in der Regel sie wohl zu fördern, da sie sich den Zeitgenossen anschmiegen, bereit, den Bedürfnissen und Launen derselben zu dienen: daher leben sie meistens in glücklichen Umständen; jener oft in sehr elenden. Denn sein persönliches Wohl opfert er dem *objektiven Zweck*: er kann eben nicht anders; weil dort sein Ernst liegt. Sie halten es umgekehrt: darum sind sie *klein*; er aber ist *groß*. Demgemäß ist sein Werk für alle Zeiten, aber die Anerkennung desselben fängt meistens erst bei der Nachwelt an: *sie* leben und sterben mit ihrer Zeit. *Groß* überhaupt ist nur der, welcher bei seinem Wirken, dieses sei nun ein praktisches oder ein theoretisches, *nicht seine Sache sucht*, sondern allein einen *objektiven* Zweck verfolgt: er ist es aber selbst dann noch, wenn, im Praktischen, dieser Zweck ein mißverstandener und sogar wenn er, infolge davon, ein Verbrechen sein sollte. *Daß er nicht sich und seine Sache sucht*, dies macht ihn unter allen Umständen *groß*. *Klein* hingegen ist alles auf persönliche Zwecke gerichtete Treiben; weil der dadurch in Tätigkeit Versetzte sich nur in seiner eigenen, verschwindenden kleinen Person erkennt und findet. Hingegen wer *groß* ist, erkennt sich in allem und daher im Ganzen: er lebt nicht wie jener im Mikrokosmos, sondern noch mehr im Makrokosmos. Darum eben ist das Ganze ihm angelegen, und er sucht es zu erfassen, um es darzustellen oder um es zu erklären oder um praktisch darauf zu wirken. Denn ihm ist es nicht fremd; er fühlt, daß es ihn angeht. Wegen dieser Ausdehnung seiner Sphäre nennt man ihn *groß*. Demnach gebührt nur dem wahren Helden, in irgendeinem Sinne, und dem Genie jenes erhabene Prädikat: es besagt, daß sie, der menschlichen Natur entgegen, nicht ihre eigene Sache gesucht, nicht für sich, sondern für alle gelebt haben.

Sogar an *Abrichtungsfähigkeit* übertrifft der Mensch alle Tiere. Die Moslems sind abgerichtet, fünfmal des Tages, das Gesicht gegen Mekka gerichtet, zu beten: tun es unverbrüchlich. Christen sind abgerichtet, bei gewissen Gelegenheiten ein Kreuz zu schlagen, sich zu verneigen u. dgl.; wie denn überhaupt die Religion das rechte Meisterstück der Abrichtung ist, nämlich die Abrichtung der Denkfähigkeit; daher man bekanntlich nicht früh genug damit anfangen kann. Es gibt keine Absurdität, die so handgreiflich wäre, daß man sie nicht allen Menschen fest in den Kopf setzen könnte, wenn man nur schon vor ihrem sechsten Jahre anfinge, sie ihnen einzuprägen, indem man unablässig und mit feierlichem

Ernst sie ihnen vorsagte. Denn, wie die Abrichtung der Tiere, so gelingt auch die des Menschen nur in früher Jugend vollkommen …

Welche Kräfte zum Leiden und Tun jeder in sich trägt, weiß er nicht, bis ein Anlaß sie in Tätigkeit setzt – wie man dem im Teiche ruhenden Wasser, mit glattem Spiegel, nicht ansieht, mit welchem Toben und Brausen es vom Felsen unversehrt herabzustürzen oder wie hoch es als Springbrunnen sich zu erheben fähig ist – oder auch, wie man die im eiskalten Wasser latente Wärme nicht ahndet.

Der menschliche Geist, noch nicht zufrieden mit den Sorgen, Bekümmernissen und Beschäftigungen, die ihm die wirkliche Welt auferlegt, [schafft sich] in der Gestalt von tausend verschiedenen Superstitionen [abergläubischen Vorstellungen] noch eine imaginäre Welt … Dämonen, Götter und Heilige schafft sich der Mensch nach seinem eigenen Bilde; diesen müssen dann unablässig Opfer, Gebete, Tempelverzierungen, Gelübde und deren Lösung, Wallfahrten, Begrüßungen, Schmückung der Bilder usw. dargebracht werden. Ihr Dienst verwebt sich überall mit der Wirklichkeit, ja verdunkelt diese: jedes Ereignis des Lebens wird dann als Gegenwirkung jener Wesen aufgenommen. Der Umgang mit ihnen füllt die halbe Zeit des Lebens aus, unterhält beständig die Hoffnung und wird durch den Reiz der Neuheit oft interessanter als der mit wirklichen Wesen. Es ist der Ausdruck und das Symptom der doppelten Bedürftigkeit des Menschen, teils nach Hilfe und Beistand und teils nach Beschäftigung und Kurzweil; und wenn er auch dem ersteren Bedürfnis oft gerade entgegenarbeitet, indem bei vorkommenden Unfällen und Gefahren kostbare Zeit und Kräfte, statt auf deren Abwendung, auf Gebete und Opfer unnütz verwendet werden; so dient er dem zweiten Bedürfnis dafür desto besser, durch jene phantastische Unterhaltung mit einer erträumten Geisterwelt: und dies ist der gar nicht zu verachtende Gewinn aller Superstitionen.

Hoffnung ist die Verwechslung des Wunsches einer Begebenheit mit ihrer Wahrscheinlichkeit. Aber vielleicht ist kein Mensch frei von der Narrheit des Herzens, welche dem Intellekt die richtige Schätzung der Probabilität so sehr verrückt, daß er eins gegen tausend für einen leicht möglichen Fall hält. Und doch gleicht ein hoffnungsloser Unglücksfall einem raschen Todesstreich, hingegen die stets vereitelte und immer wieder auflebende Hoffnung der langsam marternden Todesart.

Wen die Hoffnung, den hat auch die Furcht verlassen: dies ist der Sinn des Ausdrucks »desperat«. Es ist nämlich dem Menschen natürlich, zu glauben, was er wünscht, und es zu glauben, weil er es wünscht. Wenn nun diese wohltätige, lindernde Eigentümlichkeit seiner Natur durch wiederholte, sehr harte Schläge des Schicksals ausgerottet und er sogar, umgekehrt, dahin gebracht worden ist, zu glauben, es müsse geschehn, was er nicht wünscht, und könne nimmer geschehn, was er wünscht, eben weil er es wünscht, so ist dies eigentlich der Zustand, den man Verzweiflung genannt hat …

Die Pein des unerfüllten Wunsches ist klein gegen die der Reue: denn jene steht vor der stets offenen, unabsehbaren

Zukunft; diese vor der unwiderruflichen abgeschlossenen Vergangenheit…

Glänzende Eigenschaften des Geistes erwerben Bewunderung, aber nicht Zuneigung. Diese bleibt den moralischen, den Eigenschaften des Charakters, vorbehalten. Zu seinem Freunde wird wohl jeder lieber den Redlichen, den Gutmütigen, ja selbst den Gefälligen, Nachgiebigen und leicht Beistimmenden wählen als den bloß Geistreichen. Vor diesem wird sogar durch unbedeutende, zufällige, äußere Eigenschaften, welche gerade der Neigung eines andern entsprechen, mancher den Vorzug gewinnen. Nur wer selbst viel Geist hat, wird den Geistreichen zu seiner Gesellschaft wünschen. Seine Freundschaft hingegen wird sich nach den moralischen Eigenschaften richten, denn auf diesen beruht seine eigentliche Hochschätzung eines Menschen, in welcher ein einziger guter Charakterzug große Mängel des Verstandes bedeckt und auslischt.

Anschauliche Bilder haften fester im Gedächtnis als bloße Begriffe. Daher lernen phantasiebegabte Köpfe die Sprachen leichter als andere: denn sie verknüpfen mit dem neuen Wort sogleich das anschauliche Bild der Sache; während die andern bloß das äquivalente Wort der eigenen Sprache damit verknüpfen.

Man suche das, was man dem Gedächtnis einverleiben will, so viel als möglich auf ein anschauliches Bild zurückzuführen, sei es nun unmittelbar oder als Beispiel der Sache oder als bloßes Gleichnis, Analogon oder wie noch sonst; weil alles Anschauliche viel fester haftet als das bloß in abstracto Gedachte oder gar nur Worte. Darum behalten wir so sehr viel besser, was wir erlebt, als was wir gelesen haben.

Warum, trotz allen Spiegeln, weiß man eigentlich nicht, wie man aussieht und kann daher nicht die eigne Person, wie die jedes Bekannten, der Phantasie vergegenwärtigen?... Ohne Zweifel liegt es zum Teil daran, daß man im Spiegel sich nie anders als mit gerade zugewendetem und unbeweglichem Blicke sieht, wodurch das so bedeutsame Spiel der Augen, mit ihm aber das eigentliche Charakteristische des Blickes, großenteils verlorengeht. Neben dieser physischen Unmöglichkeit scheint aber noch eine ihr analoge ethische mitzuwirken. Man vermag nicht auf sein eigenes Bild im Spiegel den *Blick der Entfremdung* zu werfen, welcher die Bedingung der *Objektivität* der Auffassung desselben ist; weil nämlich dieser Blick zuletzt auf dem moralischen Egoismus, mit seinem tief gefühlten Nicht-Ich, beruht, als welche erfordert sind, um alle Mängel rein objektiv und ohne Abzug wahrzunehmen, wodurch allererst das Bild sich treu und wahr darstellt. Statt dessen nämlich flüstert beim Anblick der eigenen Person im Spiegel ebenjener Egoismus uns allerzeit ein vorkehrendes »es ist kein Nicht-Ich, sondern Ich« zu, welches als ein noli me tangere [Rühr mich nicht an] wirkt und die rein objektive Auffassung verhindert...

Was einer in sich ist und an sich selber hat, kurz die Persönlichkeit und deren Wert, ist das alleinige Unmittelbare zu seinem Glück und Wohlsein. Alles andere ist mittelbar; daher auch dessen Wirkung vereitelt werden kann, aber die der Persönlichkeit nie. Darum eben ist der auf persönliche Vorzüge gerichtete Neid der unversöhnlichste, wie er auch der am sorgfältigsten verhehlte ist. Ferner ist allein die Beschaffenheit des Bewußtseins das Bleibende und Beharrende, und die Individualität wirkt fortdauernd, anhaltend, mehr oder minder in jedem Augenblick: alles andere hingegen wirkt immer nur zuzeiten, gelegentlich, vorübergehend, und ist zudem auch noch selbst dem Wechsel und Wandel unterworfen ... Hierauf beruht es, daß wir ein ganz und gar von außen auf uns gekommenes Unglück mit mehr Fassung ertragen als ein selbstverschuldetes: denn das Schicksal kann sich ändern, aber die eigene Beschaffenheit nimmer. Demnach also sind die subjektiven Güter, wie ein edler Charakter, ein fähiger Kopf, ein glückliches Temperament, ein heiterer Sinn und ein wohlbeschaffener, völlig gesunder Leib, also überhaupt mens sana in corpore sano [gesunder Geist im gesunden Körper] zu unserm Glücke die ersten und wichtigsten; weshalb wir auf die Beförderung und Erhaltung derselben viel mehr bedacht sein sollten als auf den Besitz äußerer Güter und äußerer Ehre.

Was nun aber von jenen allen uns am unmittelbarsten beglückt, ist die Heiterkeit des Sinnes: denn diese gute Eigenschaft belohnt sich augenblicklich selbst. Wer eben fröhlich ist, hat allemal Ursache, es zu sein, nämlich ebendiese, daß er es ist. Nichts kann so sehr wie diese Eigenschaft jedes andere Gut vollkommen ersetzen, während sie selbst durch nichts zu ersetzen ist. Einer sei jung, schön, reich und geehrt, so frägt sich, wenn man sein Glück beurteilen will, ob er dabei heiter sei; ist er hingegen heiter, so ist es einerlei, ob er jung oder alt, gerade oder pucklich, arm oder reich sei: er ist glücklich. In früher Jugend machte ich einmal ein altes Buch auf, und da stand: »Wer viel lacht, ist glücklich, und wer viel weint, ist unglücklich« – eine sehr einfältige Bemerkung, die ich aber, wegen ihrer einfachen Wahrheit, doch nicht habe vergessen können, sosehr sie auch der Superlativ eines truism's [Binsenwahrheit] ist. Dieserwegen also sollen wir der Heiterkeit, wann immer sie sich einstellt, Tür und Tor öffnen: denn sie kommt nie zur unrechten Zeit; statt daß wir oft Bedenken tragen, ihr Eingang zu gestatten, indem wir erst wissen wollen, ob wir denn auch wohl in jeder Hinsicht Ursache haben, zufrieden zu sein; oder auch, weil wir fürchten, in unsern ernsthaften Überlegungen und wichtigen Sorgen dadurch gestört zu werden: allein was wir durch diese bessern, ist sehr ungewiß, hingegen ist Heiterkeit unmittelbarer Gewinn. Sie allein ist gleichsam die bare Münze des Glükkes und nicht, wie alles andere, bloß der Bankzettel; weil nur sie unmittelbar in der Gegenwart beglückt, weshalb sie das höchste Gut ist für Wesen, deren Wirklichkeit die Form einer unteilbaren Gegenwart zwischen zwei unendlichen Zeiten hat.

Es gibt einige Begriffe, die sehr selten mit Klarheit und Bestimmtheit in irgendeinem Kopfe vorhanden sind, sondern ihr Dasein bloß durch ihren Namen fristen, der dann eigentlich nur die Stelle so eines Begriffs bezeichnet, ohne den sie jedoch ganz verlorengehn würden. Der Art ist z.B. der Begriff der Weisheit. Wie vage ist er in fast allen Köpfen! Man sehe die Erklärung der Philosophen.

»Weisheit« scheint mir nicht bloß theoretische, sondern auch praktische Vollkommenheit zu bezeichnen. Ich würde sie definieren als die vollendete, richtige Erkenntnis der

Dinge im ganzen und allgemeinen, die den Menschen so völlig durchdrungen hat, daß sie nun auch in seinem Handeln hervortritt, indem sie sein Tun überall leitet ...

Alter und Jugend: Vom Lauf der Zeit

Ist der Charakter der ersten Lebenshälfte unbefriedigte Sehnsucht nach Glück; so ist der der zweiten Besorgnis vor Unglück. Denn mit ihr ist, mehr oder weniger deutlich, die Erkenntnis eingetreten, daß alles Glück chimärisch [trügerisch], hingegen das Leiden real ist. Jetzt wird daher, wenigstens von den vernünftigeren Charakteren, mehr bloße Schmerzlosigkeit und ein unangefochtener Zustand als Genuß angestrebt. Wenn, in meinen Jünglingsjahren, es an meiner Türe schellte, wurde ich vergnügt: denn ich dachte, nun käme es. Aber in spätern Jahren hatte meine Empfindung, bei demselben Anlaß, vielmehr etwas dem Schrecken Verwandtes: ich dachte: »Da kommt's.« – Hinsichtlich der Menschenwelt gibt es, für ausgezeichnete und begabte Individuen, die, eben als solche, nicht so ganz eigentlich zu ihr gehören und demnach, mehr oder weniger, je nach dem Grad ihrer Vorzüge, allein stehn, ebenfalls zwei entgegengesetzte Empfindungen: in der Jugend hat man häufig die, von ihr *verlassen* zu sein; in spätern Jahren hingegen die, ihr *entronnen* zu sein. Die erstere, eine unangenehme, beruht auf Unbekanntschaft, die zweite, eine angenehme, auf Bekanntschaft mit ihr. In Folge davon enthält die zweite Hälfte des Lebens, wie die zweite Hälfte einer musikalischen Periode, weniger Strebsamkeit, aber mehr Beruhigung als die erste, welches überhaupt darauf beruht, daß man in der Jugend denkt, in der Welt sei Wunder was für Glück und Genuß anzutreffen, nur schwer dazu zu gelangen; während man im Alter weiß, daß da nichts zu holen ist, also, vollkommen darüber beruhigt, eine erträgliche Gegenwart genießt und sogar an Kleinigkeiten Freude hat. Was der gereifte Mann durch die Erfahrung seines Lebens erlangt hat und wodurch er die Welt anders sieht als der Jüngling und Knabe, ist zunächst *Unbefangenheit*. Er allererst sieht die Dinge ganz einfach und nimmt sie für das, was sie sind; während dem Knaben und Jüngling ein Trugbild, zusammengesetzt aus selbstgeschaffenen Grillen, überkommenen Vorurteilen und seltsamen Phantasien, die wahre Welt bedeckte oder verzerrte. Denn das erste, was die Erfahrung zu tun vorfindet, ist, uns von Hirngespinsten und falschen Begriffen zu befreien, welche sich in der Jugend angesetzt haben. Vor diesen das jugendliche Alter zu bewahren wäre allerdings die beste Erziehung, wenngleich nur eine negative; ist aber sehr schwer. Man müßte zu diesem Zwecke den Gesichtskreis des Kindes anfangs möglichst enge halten, innerhalb desselben jedoch ihm lauter deutliche und richtige Begriffe beibringen und erst, nachdem es alles darin Gelegene richtig erkannt hätte, denselben allmählich erweitern, stets dafür sorgend, daß nichts Dunkles, auch nichts halb oder schief Verstandenes, zurückbliebe. In Folge hievon würden seine Begriffe von Dingen und menschlichen Verhältnissen immer noch beschränkt und sehr einfach, dafür aber deutlich und richtig sein, so daß sie stets nur der Erweiterung, nicht der Berichtigung bedürften; und so fort bis ins Jünglingsalter hinein …

Wenn wir jung sind, vermeinen wir, daß die in unserem

Lebenslauf wichtigen und erfolgreichen Begebenheiten und Personen mit Pauken und Trompeten auftreten werden: im Alter zeigt jedoch die retrospektive Betrachtung, daß sie alle ganz still, durch die Hintertür und fast unbeachtet, hereingeschlichen sind …

Die Heiterkeit und der Lebensmut unserer Jugend beruht zum Teil darauf, daß wir, bergauf gehend, den Tod nicht sehen, weil er am Fuß der anderen Seite des Berges liegt. Haben wir aber den Gipfel überschritten, dann werden wir den Tod, welchen wir bis dahin nur von Hörensagen kannten, wirklich ansichtig, wodurch, da zu derselben Zeit die Lebenskraft zu ebben beginnt, auch der Lebensmut sinkt; so daß jetzt ein trüber Ernst den jugendlichen Übermut verdrängt und auch dem Gesichte sich aufdrückt. Solange wir jung sind, man mag uns sagen, was man will, halten wir das Leben für endlos und gehn danach mit der Zeit um. Je älter wir werden, desto mehr ökonomisieren wir unsere Zeit. Denn im spätern Alter erregt jeder verlebte Tag eine Empfindung, welcher der verwandt ist, die bei jedem Schritt ein zum Hochgericht geführter Delinquent hat. Vom Standpunkte der Jugend aus gesehn, ist das Leben eine unendlich lange Zukunft; vom Standpunkte des Alters aus, eine sehr kurze Vergangenheit.

Gegen das Ende des Lebens nun gar geht es wie gegen das Ende eines Maskenballs, wenn die Larven abgenommen werden. Man sieht jetzt, wer diejenigen, mit denen man, während seines Lebenslaufes, in Berührung gekommen war, eigentlich gewesen sind. Denn die Charaktere haben sich an den Tag gelegt, die Taten haben ihre Früchte getragen, die Leistungen ihre gerechte Würdigung erhalten, und alle Trugbilder sind zerfallen. Zu diesem allen nämlich war Zeit erfordert. – Das Seltsamste aber ist, daß man sogar sich selbst, sein eigenes Ziel und Zwecke, erst gegen das Ende des Lebens eigentlich erkennt und versteht, zumal in seinem Verhältnis zur Welt, zu den andern. Zwar oft, aber nicht immer, wird man dabei sich eine niedrigere Stelle anzuweisen haben, als man früher vermeint hatte; bisweilen auch eine höhere; welches dann daher kommt, daß man von der Niedrigkeit der Welt keine ausreichende Vorstellung gehabt hatte und demnach sein Ziel höher steckte als sie. Man erfährt beiläufig, was an einem ist. –

Man muß alt geworden sein, also lange gelebt haben, um zu erkennen, wie kurz das Leben ist.

Wenn man auch noch so alt wird, so fühlt man doch im Innern sich ganz und gar als denselben, der man war, als man jung, ja, als man noch ein Kind war.

Ich habe die Bemerkung gemacht, daß der Charakter fast jedes Menschen einem Lebensalter vorzugsweise angemessen zu sein scheint, so daß er in diesem sich vorteilhafter ausnimmt. Einige sind liebenswürdige Jünglinge, und dann ist's vorbei; andere kräftige, tätige Männer, denen das Alter allen Wert raubt; manche stellen sich am vorteilhaftesten im Alter dar, als wo sie milder, weil erfahrener und gelassener sind: dies ist oft bei den Franzosen der Fall.

Wie im Anfange des Frühlings alles Laub die gleiche Farbe und fast die gleiche Gestalt hat, so sind auch wir in früher

Kindheit alle einander ähnlich, harmonieren daher vortrefflich. Aber mit der Pubertät fängt die Divergenz an und wird, wie die der Radien eines Zirkels, immer größer…

Wie man, auf einem Schiffe befindlich, sein Vorwärtskommen nur am Zurückweichen und demnach Kleinerwerden der Gegenstände auf dem Ufer bemerkt, so wird man sein Alt- und Älterwerden daran inne, daß Leute von immer höheren Jahren einem jung vorkommen.

Nur wer alt wird, erhält eine vollständige und angemessene Vorstellung vom Leben, indem er es in seiner Ganzheit und seinem natürlichen Verlauf, besonders aber nicht bloß … von der Eingangs-, sondern auch von der Ausgangsseite übersieht, wodurch er dann besonders die Nichtigkeit desselben vollkommen erkennt, während die übrigen stets noch in dem Wahn befangen sind, das Rechte werde noch erst kommen.

Jede Trennung gibt einen Vorgeschmack des Todes – und jedes Wiedersehen einen Vorgeschmack der Auferstehung. Darum jubeln selbst Leute, die einander gleichgültig waren, so sehr, wenn sie, nach zwanzig oder gar dreißig Jahren, wieder zusammentreffen.

Im Alter versteht man besser die Unglücksfälle zu verhüten; in der Jugend, sie zu ertragen.

Wie im Raum die Entfernung alles verkleinert, indem sie es zusammenzieht, wodurch dessen Fehler und Übelstände verschwinden, weshalb auch in einem Verkleinerungsspiegel oder in der Camera obscura sich alles viel schöner als in der Wirklichkeit darstellt – ebenso wirkt in der Zeit die Vergangenheit: die weit zurückliegenden Szenen und Vorgänge, nebst agierenden Personen, nehmen sich in der Erinnerung, als welche alles Unwesentliche und Störende fallenläßt, allerliebst aus. Die Gegenwart, solchen Vorteils entbehrend, steht stets mangelhaft da.

Und wie im Raume kleine Gegenstände sich in der Nähe groß darstellen, wenn sehr nahe, sogar unser ganzes Gesichtsfeld einnehmen, aber, sobald wir uns etwas entfernt haben, klein und unscheinbar werden, ebenso, in der Zeit, erscheinen die in unserm täglichen Leben und Wandel sich ereignenden kleinen Vorfälle, Unfälle und Begebenheiten, solange sie, als gegenwärtig, dicht vor uns liegen, uns groß, bedeutend, wichtig und erregen demgemäß unsere Affekte, Sorge, Verdruß, Leidenschaft: aber sobald der unermüdliche Strom der Zeit sie nur etwas entfernt hat, sind sie unbedeutend, keiner Beachtung wert und bald vergessen, indem ihre Größe bloß auf ihrer Nähe beruhte.

Was *gewesen* ist, das ist nicht mehr; ist ebensowenig wie das, was *nie* gewesen ist. Aber alles, was ist, ist im nächsten Augenblick schon gewesen. Daher hat vor der bedeutendsten Vergangenheit die unbedeutendste Gegenwart die *Wirklichkeit* voraus; wodurch sie zu jener sich verhält wie etwas zu nichts …

Jedem Vorgang unsers Lebens gehört nur auf einen Augenblick das Ist; sodann für immer das War. Jeden Abend sind wir um einen Tag ärmer. Wir würden vielleicht beim Anblick dieses Ablaufens unserer kurzen Zeitspanne rasend werden; wenn nicht im tiefsten Grunde unsers Wesen ein heimliches Bewußtsein läge, daß uns der nie zu erschöpfende Born der Ewigkeit gehört, um immerdar die Zeit des Lebens daraus erneuern zu können.

Auf Betrachtungen wie die obigen kann man allerdings die Lehre gründen, daß die Gegenwart zu genießen und dies zum Zwecke seines Lebens zu machen die größte *Weisheit* sei; weil ja jene allein real, alles andere nur Gedankenspiel wäre. Aber ebensogut könnte man es die größte Torheit nennen: denn was im nächsten Augenblick nicht mehr ist, was so gänzlich verschwindet wie ein Traum, ist nimmermehr eines ernstlichen Strebens wert.

Die Gegenwart allein ist wahr und wirklich. Sie ist die real erfüllte Zeit, und ausschließlich in ihr liegt unser Dasein. Daher sollten wir sie stets einer heitern Aufnahme würdigen, folglich jede erträgliche und von unmittelbaren Widerwärtigkeiten oder Schmerzen freie Stunde mit Bewußtsein als solche genießen, d.h. sie nicht trüben durch verdrießliche Gesichter über verfehlte Hoffnungen in der Vergangenheit oder Besorgnisse für die Zukunft.

In der Vergangenheit hat kein Mensch gelebt, und in der Zukunft wird nie einer leben, sondern die *Gegenwart* allein ist die Form alles Lebens, ist aber auch sein sicherer Besitz, der ihm nie entrissen werden kann. Die Gegenwart ist immer da, samt ihrem Inhalt: beide stehn fest, ohne zu wanken: wie der Regenbogen auf dem Wasserfall. Denn dem Willen ist das Leben, dem Leben die Gegenwart sicher und gewiß. – Freilich, wenn wir zurückdenken an die verflossenen Jahrtausende, an die Millionen von Menschen, die in ihnen lebten; dann fragen wir: Was waren sie? Was ist aus ihnen geworden? – Aber wir dürfen dagegen nur die Vergangenheit unsers eigenen Lebens uns zurückrufen und ihre Szenen lebhaft in der Phantasie erneuern und nun wieder fragen: Was war dies alles? Was ist aus ihm geworden? – Wie mit ihm, so ist es mit dem Leben jener Millionen. Oder sollten wir meinen, die Vergangenheit erhielte dadurch, daß sie durch den Tod besiegelt ist, ein neues Dasein? Unsere eigene Vergangenheit, auch die nächste und der gestrige Tag, ist nur noch ein nichtiger Traum der Phantasie, und dasselbe ist die Vergangenheit aller jener Millionen …

Worauf beruht die *Identität der Person*? – Nicht auf der Materie des Leibes: sie ist nach wenigen Jahren eine andere. Nicht auf der Form desselben: sie ändert sich im ganzen und in allen Teilen: bis auf den Ausdruck des Blickes, an welchem man daher auch nach vielen Jahren einen Menschen noch erkennt; welches beweist, daß trotz allen Veränderungen, die an ihm die Zeit hervorbringt, doch etwas in ihm davon völlig unberührt bleibt: es ist ebendieses, woran wir, auch nach dem längsten Zwischenraume, ihn wiedererkennen und den Ehemaligen unversehrt wiederfinden; ebenso auch uns selbst: denn wenn man auch noch so alt wird, so fühlt man doch im Innern sich ganz und gar als denselben, der man war, als man jung, ja, als man noch ein Kind war. Dieses, was unverändert stets ganz dasselbe bleibt und nicht mitaltert, ist eben der Kern unsers Wesens, welcher nicht in der Zeit liegt. – Man nimmt an, die Identität der Person beruhe auf der des Bewußtseins. Versteht man aber unter dieser bloß die zusammenhängende Erinnerung des Lebenslaufs, so ist sie nicht ausreichend. Wir wissen von unserm Lebenslauf allenfalls etwas mehr als von einem ehemals gelesenen Roman; dennoch nur das Allerwenigste. Die Hauptbegebenheiten, die interessanten Szenen haben sich eingeprägt: im übrigen sind tausend Vorgänge vergessen, gegen einen, der behalten worden. Je älter wir werden, desto spurloser geht alles vorüber. Hohes Alter, Krankheit, Gehirnverletzung, Wahnsinn können das Gedächtnis ganz rauben. Aber die Identität der Person ist damit nicht verlorengegangen. Sie beruht auf dem identischen *Willen* und dem unveränderlichen Charakter desselben. Er eben auch ist es, der den Ausdruck des Blicks unveränderlich macht. Im *Herzen* steckt der Mensch, nicht im Kopf. Zwar sind wir, infolge unserer Relation mit der Außenwelt, gewohnt, als unser eigentliches Selbst das Subjekt des Erkennens, das erkennende Ich, zu betrachten, welches am Abend ermattet, im Schlafe verschwindet, am Morgen mit erneuerten Kräften heller strahlt. Dieses ist jedoch die bloße Gehirnfunktion und nicht unser eigenstes Selbst. Unser wahres Selbst, der Kern unsers Wesens, ist das, was hinter jenem steckt, und eigentlich nichts anderes kennt als wollen und nichtwollen, zufrieden und unzufrieden sein, mit allen Modifikationen der Sache, die man Gefühle, Affekte und Leidenschaften nennt. Dies ist das, was jenes andere hervorbringt; nicht mitschläft, wenn jenes schläft, und ebenso, wenn dasselbe im Tode untergeht, unversehrt bleibt.

Wir können die Zeit einem endlos drehenden Kreise vergleichen: die stets sinkende Hälfte wäre die Vergangenheit, die stets steigende die Zukunft; oben aber der unteilbare

Punkt, der die Tangente berührt, wäre die ausdehnungslose Gegenwart: wie die Tangente nicht mit fortrollt, so auch nicht die Gegenwart, der Berührungspunkt des Objekts, dessen Form die Zeit ist, mit dem Subjekt, das keine Form hat, weil es nicht zum Erkennbaren gehört, sondern Bedingung alles Erkennbaren ist. Oder: die Zeit gleicht einem unaufhaltsamen Strom, und die Gegenwart einem Felsen, an dem sich jener bricht, aber nicht ihn mit fortreißt. Der Wille, als Ding an sich, ist so wenig als das Subjekt der Erkenntnis, welches zuletzt doch in gewissem Betracht er selbst oder seine Äußerung ist, dem Satze vom Grunde unterworfen; und wie dem Willen das Leben, seine eigene Erscheinung, gewiß ist, so ist es auch die Gegenwart, die einzige Form des wirklichen Lebens. Wir haben demnach nicht nach der Vergangenheit vor dem Leben noch nach der Zukunft nach dem Tode zu forschen: vielmehr haben wir als die einzige Form, in welcher der Wille sich erscheint, die *Gegenwart* zu erkennen.

Sehr passend stellt Kant seine Untersuchungen über Zeit und Raum an die Spitze aller andern. Denn dem spekulativen Geiste drängt sich vor allen diese Fragen auf: was ist die *Zeit*? was ist dies Wesen, das aus lauter Bewegung besteht, ohne etwas, das sich bewegt? – und was der *Raum*? dieses allgegenwärtige Nichts, aus welchem kein Ding herauskann, ohne aufzuhören, etwas zu sein?

Die Zeit ist diejenige Einrichtung unseres Intellekts, vermöge welcher das, was wir als das Zukünftige auffassen, jetzt gar nicht zu existieren scheint; welche Täuschung jedoch verschwindet, wenn die Zukunft zur Gegenwart geworden ist…

Daß die Zeit überall und in allen Köpfen vollkommen gleichmäßig fortläuft, ließe sich sehr wohl begreifen, wenn dieselbe etwas rein Äußerliches, Objektives, durch die Sinne Wahrnehmbares wäre wie die Körper. Aber das ist sie nicht: wir können sie nicht sehn noch tasten. Auch ist sie keineswegs die bloße Bewegung oder sonstige Veränderung der Körper: diese vielmehr ist *in* der Zeit, welche also von ihr schon als Bedingung vorausgesetzt wird: denn die Uhr geht zu schnell oder zu langsam, aber nicht mit ihr die Zeit, sondern das Gleichmäßige und Normale, worauf jenes Schnell und Langsam sich bezieht, ist der wirkliche Lauf der Zeit. Die Uhr *mißt* die Zeit; aber sie *macht* sie nicht. Wenn alle Uhren stehnblieben, wenn die Sonne selbst stillstände, wenn alle und jede Bewegung oder Veränderung stockte; so würde dies doch den Lauf der Zeit keinen Augenblick hemmen, sondern sie würde ihren gleichmäßigen Gang fortsetzen und nun, ohne von Veränderungen begleitet zu sein, verfließen. Dabei ist sie dennoch, wie gesagt, nichts Wahrnehmbares, nichts äußerlich Gegebenes und auf uns Einwirkendes, also kein eigentlich Objektives. Da bleibt eben nichts übrig, als daß sie in uns liege, unser eigener, ungestört fortschreitender, mentaler Prozeß oder, wie Kant es sagt, die Form des innern Sinnes und alles unsers Vorstellens sei; mithin das unterste Grundgerüst der Schaubühne dieser objektiven Welt ausmache. Jene Gleichmäßigkeit ihres Laufes in allen Köpfen beweist mehr als irgend etwas, daß wir alle in denselben Traum versenkt sind, ja, daß es *ein* Wesen ist, welches ihn träumt.

Sosehr auch auf der Bühne der Welt die Stücke und die Masken wechseln, so bleiben doch in allen die Schauspieler dieselben. Wir sitzen zusammen und reden und regen einander auf, und die Augen leuchten, und die Stimmen werden schallender: ganz ebenso haben andere gesessen, vor tausend Jahren: es war dasselbe, und es waren dieselben: ebenso wird es sein über tausend Jahre. Die Vorrichtung, wodurch wir dessen nicht innewerden, ist die Zeit.

Das Leben – eine strenge Lektion

Wenn man den verstocktesten Optimisten durch die Krankenhospitäler, Lazarette und chirurgischen Marterkammern, durch die Gefängnisse, Folterkammern und Sklavenställe, über Schlachtfelder und Gerichtsstätten führen, dann alle die finstern Behausungen des Elends, wo es sich vor den Blicken kalter Neugier verkriecht, ihm öffnen und zum Schluß ihn in den Hungerturm des Ugolino blicken lassen wollte, so würde sicherlich auch er zuletzt einsehn, welcher Art dieser meilleur des mondes possibles [diese beste aller möglichen Welten] ist. Woher denn anders hat Dante den Stoff zu seiner Hölle genommen als aus dieser unserer wirklichen Welt? Und doch ist es eine recht ordentliche Hölle geworden. Hingegen als er an die Aufgabe kam, den Himmel und seine Freuden zu schildern, da hatte er eine unüberwindliche Schwierigkeit vor sich, weil eben unsere Welt gar keine Materialien zu so etwas darbietet.

Welch ein Abstand ist doch zwischen unserm Anfang und unserm Ende! Jener in dem Wahn der Begier und dem Entzücken der Wollust; dieses in der Zerstörung aller Organe und dem Moderdufte der Leichen. Auch geht der Weg zwischen beiden, in Hinsicht auf Wohlsein und Lebensgenuß, stetig bergab: die selig träumende Kindheit, die fröhliche Jugend, das mühselige Mannesalter, das gebrechliche, oft jämmerliche Greisentum, die Marter der letzten Krankheit und endlich der Todeskampf – sieht es nicht geradezu aus, als wäre das Dasein ein Fehltritt, dessen Folgen allmählich und immer mehr offenbar würden?

Das Leben ist durchaus anzusehn als eine *strenge Lektion*, die uns erteilt wird, wenngleich wir, mit unsern auf ganz andere Zwecke angelegten Denkformen, nicht verstehn können, wie wir haben dazu kommen können, ihrer zu bedürfen. Demgemäß aber sollen wir auf unsere hingeschiedenen Freunde zurücksehn, mit Befriedigung, erwägend, daß sie ihre Lektion überstanden haben, und mit dem herzlichen Wunsch, daß sie angeschlagen habe; und vom selben Gesichtspunkt aus sollen wir unserm eigenen Tode entgegensehn als einer erwünschten und erfreulichen Begebenheit – statt, wie meistens geschieht, mit Zagen und Grausen.

Die Welt ist ein Ort der Buße, also gleichsam eine Strafanstalt … Zu den Übeln einer Strafanstalt gehört denn auch die Gesellschaft, welche man daselbst antrifft. Wie es um diese hierselbst stehe, wird, wer irgendwie einer bessern würdig wäre, auch ohne mein Sagen wissen. Der schönen Seele nun gar, wie auch dem Genie, mag bisweilen darin zumute sein wie einem edlen Staatsgefangenen auf der Galeere unter gemeinen Verbrechern; daher sie wie dieser suchen werden, sich zu isolieren. Überhaupt jedoch wird die besagte Auffassung uns befähigen, die sogenannten Unvollkommenheiten, d.h. die moralisch und intellektuell und dementsprechend auch physiognomisch nichtswürdige Beschaffenheit der meisten Menschen ohne Befremden, geschweige mit Entrüstung zu betrachten; denn wir werden stets im Sinne behalten, wo wir sind, folglich jeden ansehn zunächst als ein Wesen, welches nur infolge seiner Sündhaftigkeit existiert, dessen Leben die Abbüßung der Schuld seiner Geburt ist.

Wem man sagt, daß das Leben von einem Ende zum andern nichts sein soll als eine fortgesetzte Lektion, deren Resultate noch dazu meist negativ ausfallen, der könnte antworten: so wollte ich schon dieserhalb, daß man mich in der Ruhe des allgenugsamen Nichts gelassen hätte, wo ich weder Lektionen noch sonst etwas nötig hatte.

Und dieser Welt, diesem Tummelplatz gequälter und geängstigter Wesen, welche nur dadurch bestehn, daß eines das andere verzehrt, wo daher jedes reißende Tier das lebendige Grab tausend anderer und seine Selbsterhaltung eine Kette von Martertoden ist, wo sodann mit der Erkenntnis die Fähigkeit, Schmerz zu empfinden, wächst, welche daher im Menschen ihren höchsten Grad erreicht und einen um so höheren, je intelligenter er ist – dieser Welt hat man das System des Optimismus anpassen und sie uns als die beste unter den möglichen andemonstrieren wollen. Die Absurdität ist schreiend. – Inzwischen heißt ein Optimist mich die Augen öffnen und hineinsehn in die Welt, wie sie so schön sei, im Sonnenschein, mit ihren Bergen, Tälern, Strömen, Pflanzen, Tieren usw. – Aber ist denn die Welt ein Guckkasten? Zu sehn sind diese Dinge freilich schön, aber sie zu sein ist ganz etwas anderes.

Nehmen wir ... die Betrachtung des Menschengeschlechts hinzu; so wird die Sache zwar komplizierter und erhält einen gewissen ernsten Anstrich: doch bleibt der Grundcharakter unverändert. Auch hier stellt das Leben sich keineswegs dar als ein Geschenk zum Genießen, sondern als eine Aufgabe, ein Pensum zum Abarbeiten, und dementsprechend sehn wir im Großen wie im Kleinen allgemeine Not, rastloses Mühen, beständiges Drängen, endlosen Kampf, erzwungene Tätigkeit mit äußerster Anstrengung aller Leibes- und Geisteskräfte. Viele Millionen, zu Völkern vereinigt, streben nach dem Gemeinwohl, jeder einzelne seines eigenen wegen; aber viele Tausend fallen als Opfer für dasselbe. Bald unsinniger Wahn, bald grübelnde Politik hetzt sie zu Kriegen aufeinander: dann muß Schweiß und Blut des großen Haufens fließen, die Einfälle einzelner durchzusetzen oder ihre Fehler abzubüßen. Im Frieden ist Industrie und Handel tätig, Erfindungen tun Wunder, Meere werden durchschifft, Leckereien aus allen Enden der Welt zusammengeholt, die Wellen verschlingen Tausende. Alles treibt, die einen sinnend, die andern handelnd, der Tumult ist unbeschreiblich. – Aber der letzte Zweck von dem allen, was ist er? Ephemere und geplagte Individuen eine kurze Spanne Zeit hindurch zu erhalten, im glücklichsten Fall mit erträglicher Not und komparativer Schmerzlosigkeit, der aber auch sogleich die Langeweile aufpaßt; sodann die Fortpflanzung dieses Geschlechts und seines Treibens. – Bei diesem offenbaren Mißverhältnis zwischen der Mühe und dem Lohn erscheint uns von diesem Gesichtspunkt aus der Wille zum Leben, objektiv genommen, als ein Tor oder, subjektiv, als ein Wahn, von welchem alles Lebende ergriffen, mit äußerster Anstrengung seiner Kräfte auf etwas hinarbeitet, das keinen Wert hat. Allein bei genauerer Betrachtung werden wir auch hier finden, daß er vielmehr ein blinder Drang, ein völlig grundloser, unmotivierter Trieb ist.

Wer *zwei oder gar drei Generationen* des Menschengeschlechts erlebt, dem wird zumute wie dem Zuschauer der Vorstellungen der Gaukler aller Art in Buden während der Messe, wenn er sitzen bleibt und eine solche Vorstellung zwei- oder dreimal hintereinander wiederholen sieht: die Sachen waren nämlich nur auf *eine* Vorstellung berechnet, machen daher keine Wirkung mehr, nachdem die Täuschung und die Neuheit verschwunden ist.

Man möchte toll werden, wenn man die überschwenglichen Anstalten betrachtet, die zahllosen flammenden Fixsterne im unendlichen Raum, die nichts weiter zu tun haben, als Welten zu beleuchten, die der Schauplatz der Not und des Jammers sind und im glücklichsten Fall nichts abwerfen als Langeweile – wenigstens nach dem uns bekannten Probestück zu urteilen.

Sehr zu *beneiden* ist niemand, sehr zu *beklagen* unzählige. – Das Leben ist ein Pensum zum Abarbeiten.

Es gibt nur *einen* angeborenen Irrtum, und es ist der, daß wir da sind, um glücklich zu sein. Angeboren ist er uns, weil er mit unserm Dasein selbst zusammenfällt und unser ganzes Wesen eben nur seine Paraphrase, ja unser Leib sein Monogramm ist: sind wir doch eben nur Wille zum Leben; die sukzessive Befriedigung alles unsers Wollens aber ist, was man durch den Begriff des Glückes denkt.

Solange wir in diesem angeborenen Irrtum verharren, auch wohl gar noch durch optimistische Dogmen in ihm bestärkt werden, erscheint uns die Welt voll Widersprüche. Denn bei jedem Schritt, im großen wie im kleinen, müssen wir erfahren, daß die Welt und das Leben durchaus nicht darauf eingerichtet sind, ein glückliches Dasein zu enthalten. Während nun hierdurch der Gedankenlose sich eben bloß in der Wirklichkeit geplagt fühlt, kommt bei dem, welcher denkt, zur Pein in der Realität noch die theoretische Perplexität hinzu, warum eine Welt und ein Leben, welche doch einmal dazu da sind, daß man darin glücklich sei, ihrem Zwecke so schlecht entsprechen? Sie macht vorderhand sich Luft in Stoßseufzern, wie »Ach, warum sind der Tränen unterm Mond so viel?« u. dgl. m., in ihrem Gefolge aber kommen beunruhigende Skrupel gegen die Voraussetzungen jener vorgefaßten optimistischen Dogmen. Immerhin mag man dabei versuchen, die Schuld seiner individuellen Unglückseligkeit bald auf die Umstände, bald auf andere Menschen, bald auf sein eigenes Mißgeschick oder auch Ungeschick zu schieben, auch wohl erkennen, wie diese sämtlich dazu mitgewirkt haben; dieses ändert doch nichts in dem Ergebnis, dass man den eigentlichen Zweck des Lebens, der ja im Glücklichsein bestehe, verfehlt habe; worüber dann die Betrachtung, zumal wenn es mit dem Leben schon auf die Neige geht, oft sehr niederschlagend ausfällt: daher tragen fast alle ältlichen Gesichter den Ausdruck dessen, was man auf englisch disappointment [Enttäuschung] nennt Überdies aber hat uns bis dahin schon jeder Tag unsres Lebens gelehrt, daß die Freuden und Genüsse, auch wenn erlangt, an sich selbst trügerisch sind, nicht leisten, was sie versprechen, das Herz nicht zufriedenstellen und endlich ihr Besitz wenigstens durch die sie begleitenden oder aus ihnen entspringenden Unannehmlichkeiten vergällt wird, während hingegen die Schmerzen und Leiden sich als sehr real erweisen und oft alle Erwartungen übertreffen. – So ist denn allerdings im Leben alles geeignet, uns von jenem ursprünglichen Irrtum zurückzubringen und uns zu überzeugen, daß der Zweck unsers Daseins nicht der ist, glücklich zu sein …

Eine Gesellschaft Stachelschweine drängte sich an einem kalten Wintertage recht nahe zusammen, um durch die gegenseitige Wärme sich vor dem Erfrieren zu schützen. Jedoch bald empfanden sie die gegenseitigen Stacheln; welches sie dann wieder voneinander entfernte. Wenn nun das Bedürfnis der Erwärmung sie wieder näher zusammenbrachte, wiederholte sich jenes zweite Übel; so daß sie zwischen beiden Leiden hin- und hergeworfen wurden; bis sie eine mäßige Entfernung voneinander herausgefunden hatten, in der sie es am besten aushalten konnten. – So treibt das Bedürfnis der Gesellschaft, aus der Leere und Monotonie des eigenen Innern entsprungen, die Menschen zueinander; aber ihre vielen widerwärtigen Eigenschaften und unerträglichen Fehler stoßen sie wieder voneinander ab. Die mittlere Entfernung, die sie endlich herausfinden und bei welcher ein Beisammensein bestehn kann, ist die Höflichkeit und feine Sitte. Dem, der sich nicht in dieser Entfernung hält, ruft man in England zu: keep your distance! [Bewahre deinen Abstand!] – Vermöge derselben wird zwar das Bedürfnis gegenseitiger Erwärmung nur unvollkommen befriedigt, dafür aber der Stich der Stacheln nicht empfunden. – Wer jedoch viel eigene innere Wärme hat, bleibt lieber aus der Gesellschaft weg, um keine Beschwerde zu geben noch zu empfangen.

Das fortwährende Dasein des *Menschengeschlechts* ist bloß ein Beweis der Geilheit desselben.

Auf jeder Stufe, welche die Erkenntnis beleuchtet, erscheint sich der Wille als Individuum. Im unendlichen Raum und unendlicher Zeit findet das menschliche Individuum sich als endliche, folglich als eine gegen jene verschwindende Größe, in sie hineingeworfen und hat, wegen ihrer Unbegrenztheit, immer nur ein relatives, nie ein absolutes *Wann* und *Wo* seines Daseins: denn sein Ort und seine Dauer sind endliche Teile eines Unendlichen und Grenzenlosen. – Sein eigentliches Dasein ist nur in der Gegenwart, deren ungehemmte Flucht in die Vergangenheit ein steter Übergang in den Tod, ein stetes Sterben ist; da sein vergangenes Leben, abgesehn von dessen etwaigen Folgen für die Gegenwart wie auch von dem Zeugnis über seinen Willen, das darin abgedrückt ist, schon völlig abgetan, gestorben und nichts mehr ist: daher auch es ihm vernünftigerweise gleichgültig sein muß, ob der Inhalt jener Vergangenheit Qualen oder Genüsse waren. Die Gegenwart aber wird beständig unter seinen Händen zur Vergangenheit: die Zukunft ist ganz ungewiß und immer kurz. So ist sein Dasein, schon von der formellen Seite allein betrachtet, ein stetes Hinstürzen der Gegenwart in die tote Vergangenheit, ein stetes Sterben. Sehn wir es aber nun auch von der physischen Seite an; so ist offenbar, daß, wie bekanntlich unser Gehen nur ein stets gehemmtes Fallen ist, das Leben unsers Leibes nur ein fortdauernd gehemmtes Sterben, ein immer aufgeschobener Tod ist: endlich ist ebenso die Regsamkeit unsers Geistes eine fortdauernd zurückgeschobene Langeweile. Jeder Atemzug wehrt den beständig eindringenden Tod ab, mit welchem wir auf diese Weise in jeder Sekunde kämpfen, und dann wieder, in größeren Zwischenräumen, durch jede Mahlzeit, jeden Schlaf, jede Erwärmung usw. Zuletzt muß er siegen: denn ihm sind wir schon durch die Geburt anheimgefallen, und er spielt nur eine Weile mit seiner Beute, bevor er sie verschlingt. Wir setzen indessen unser Leben mit großem Anteil und vieler Sorgfalt fort, so lange als möglich, wie man eine Seifenblase so lange und so groß als möglich aufbläst, wiewohl mit der festen Gewißheit, daß sie platzen wird.

Dasein selbst wird ihm zur unerträglichen Last. Sein Leben schwingt also gleich einem Pendel hin und her zwischen dem Schmerz und der Langeweile, welche beide in der Tat dessen letzte Bestandteile sind. Dieses hat sich sehr seltsam auch dadurch aussprechen müssen, daß, nachdem der Mensch alle Leiden und Qualen in die Hölle versetzt hatte, für den Himmel nun nichts übrigblieb als eben Langeweile.

Das stete Streben aber, welches das Wesen jeder Erscheinung des Willens ausmacht, erhält auf den höheren Stufen der Objektivation seine erste und allgemeinste Grundlage dadurch, daß hier der Wille sich erscheint als ein lebendiger Leib, mit dem eisernen Gebot, ihn zu nähren: und was diesem Gebote die Kraft gibt, ist eben, daß dieser Leib nichts anderes als der objektivierte Wille zum Leben selbst ist. Der Mensch, als die vollkommenste Objektivation jenes Willens, ist demgemäß auch das bedürftigste unter allen Wesen: er ist konkretes Wollen und Bedürfen durch und durch, ist ein Konkrement von tausend Bedürfnissen. Mit diesen steht er auf der Erde, sich selber überlassen, über alles in Ungewißheit, nur nicht über seine Bedürftigkeit und seine Not: demgemäß füllt die Sorge für die Erhaltung jenes Daseins unter so schweren, sich jeden Tag von neuem meldenden Forderungen in der Regel das ganze Menschenleben aus. An sie knüpft sich sodann unmittelbar die zweite Anforderung, die der Fortpflanzung des Geschlechts. Zugleich bedrohen ihn von allen Seiten die verschiedenartigsten Gefahren, denen zu entgehn es beständiger Wachsamkeit bedarf. Mit behutsamem Schritt und ängstlichem Umherspähen verfolgt er seinen Weg, denn tausend Zufälle und tausend Feinde lauern ihm auf. So ging er in der Wildnis, und so geht er im zivilisierten Leben; es gibt für ihn keine Sicherheit …

Das Leben der allermeisten ist auch nur ein steter Kampf um die Existenz selbst, mit der Gewißheit, ihn zuletzt zu verlieren. Was sie aber in diesem so mühseligen Kampfe ausdauern läßt, ist nicht sowohl die Liebe zum Leben als die Furcht vor dem Tode, der jedoch als unausweichbar im Hintergrunde steht und jeden Augenblick herantreten kann. – Das Leben selbst ist ein Meer voller Klippen und Strudel, die der Mensch mit der größten Behutsamkeit und Sorgfalt vermeidet, obwohl er weiß, daß, wenn es ihm auch gelingt, mit aller Anstrengung und Kunst sich durchzuwinden, er ebendadurch mit jedem Schritt dem größten, dem totalen, dem unvermeidlichen und unheilbaren Schiffbruch näher kommt, ja gerade auf ihn zusteuert – dem Tode: dieser ist das endliche Ziel der mühseligen Fahrt und für ihn schlimmer als alle Klippen, denen er auswich.

Nun ist es aber sogleich sehr bemerkenswert, daß einerseits die Leiden und Qualen des Lebens leicht so anwachsen können, daß selbst der Tod, in der Flucht vor welchem das ganze Leben besteht, wünschenswert wird und man freiwillig zu ihm eilt; und andererseits wieder, daß, sobald Not und Leiden dem Menschen eine Rast vergönnen, die Langeweile gleich so nahe ist, daß er des Zeitvertreibs notwendig bedarf. Was alle Lebenden beschäftigt und in Bewegung erhält, ist das Streben nach Dasein. Mit dem Dasein aber, wenn es ihnen gesichert ist, wissen sie nichts anzufangen: daher ist das zweite, was sie in Bewegung setzt, das Streben, die Last des Daseins loszuwerden, es unfühlbar zu machen, »die Zeit zu töten«, d.h. der Langeweile zu entgehn. Demgemäß sehn wir, daß fast alle vor Not und Sorgen geborgene Menschen, nachdem sie nun endlich alle andern Lasten abgewälzt haben, jetzt sich selbst zur Last sind und nun jede durchgebrachte Stunde für Gewinn achten, also jeden Abzug von ebenjenem Leben, zu dessen möglichst langer Erhaltung sie bis dahin alle Kräfte aufboten. Die Langeweile aber ist nichts weniger als ein gering zu achtendes Übel: sie malt zuletzt wahre Verzweiflung auf das Gesicht. Sie macht, daß Wesen, welche einander so wenig lieben wie die Menschen, doch so sehr einander suchen, und wird dadurch die Quelle der Geselligkeit. Auch werden überall gegen sie, wie gegen andere allgemeine Kalamitäten, öffentliche Vorkehrungen getroffen, schon aus Staatsklugheit; weil dieses Übel, so gut als sein entgegengesetztes Extrem, die Hungersnot, die Menschen zu den größten Zügellosigkeiten treiben kann: panem et circenses (Brot und Zirkusspiele) braucht das Volk. Das strenge Philadelphische Pönitentiarsystem macht, mittels Einsamkeit und Untätigkeit, bloß die Langeweile zum Strafwerkzeug: und es ist ein so fürchterliches, daß es schon die Züchtlinge zum Selbstmord geführt hat. Wie die Not die beständige Geißel des Volkes ist, so die Langeweile die der vornehmen Welt. Im bürgerlichen Leben ist sie durch den Sonntag, wie die Not durch die sechs Wochentage repräsentiert.

Zwischen Wollen und Erreichen fließt nun durchaus jedes Menschenleben fort. Der Wunsch ist seiner Natur nach Schmerz: die Erreichung gebiert schnell Sättigung: das Ziel war nur scheinbar: der Besitz nimmt den Reiz weg: unter einer neuen Gestalt stellt sich der Wunsch, das Bedürfnis wieder ein: wo nicht, so folgt Öde, Leere, Langeweile, gegen welche der Kampf ebenso quälend ist wie gegen die Not. – Daß Wunsch und Befriedigung sich ohne zu kurze und ohne zu lange Zwischenräume folgen, verkleinert das Leiden, welches beide geben, zum geringsten Maße und macht den glücklichsten Lebenslauf aus. Denn das, was man sonst den schönsten Teil, die reinsten Freuden des Lebens nennen möchte, eben auch nur, weil es uns aus dem realen Dasein heraushebt und uns in anteilslose Zuschauer desselben verwandelt, also das reine Erkennen, dem alles Wollen fremd bleibt, der Genuß des Schönen, die echte Freude an der Kunst, dies ist, weil es schon seltene Anlagen erfordert, nur höchst wenigen und auch diesen nur als ein vorübergehender Traum vergönnt: und dann macht ebendiese wenigen die höhere intellektuelle Kraft für viel größere Leiden empfänglich, als die Stumpferen je empfinden können, und stellt sie überdies einsam unter merklich von ihnen verschiedene Wesen; wodurch sich denn auch dieses ausgleicht. Dem bei weitem größten Teil der Menschen aber sind die rein intellektuellen Genüsse nicht zugänglich; der Freude, die im reinen Erkennen liegt, sind sie fast ganz unfähig: sie sind gänzlich auf das Wollen verwiesen. Wenn daher irgend etwas ihnen Anteil abgewinnen, ihnen *interessant* sein soll, so muß es (dies liegt auch schon in der Wortbedeutung) irgendwie ihren *Willen* anregen, sei es auch nur durch eine ferne und nur in der Möglichkeit liegende Beziehung auf ihn; er darf aber nie ganz aus dem Spiele bleiben, weil ihr Dasein bei weitem mehr im Wollen als im Erkennen liegt: Aktion und Reaktion ist ihr einziges Element. Die naiven Äußerungen dieser Beschaffenheit kann man aus Kleinigkeiten und alltäglichen Erscheinungen annehmen: so z.B. schreiben sie an sehenswerten Orten, die sie besuchen, ihre Namen hin, um so zu reagieren, um auf den Ort zu wirken, da er nicht auf sie wirkte: ferner können sie nicht leicht ein fremdes, seltenes Tier bloß betrachten, sondern müssen es reizen, necken, mit ihm spielen, um nur Aktion und Reaktion zu empfinden; ganz besonders aber zeigt jenes Bedürfnis der Willensanregung sich an der Erfindung und Erhaltung des Kartenspiels, welches recht eigentlich der Ausdruck der kläglichen Seite der Menschheit ist.

Aber was auch Natur, was auch das Glück getan haben mag; wer man auch sei und was man auch besitze; der dem Leben wesentliche Schmerz läßt sich nicht abwälzen.

Wie der Bach keine Strudel macht, solange er auf keine Hindernisse trifft, so bringt die menschliche wie die tierische Natur es mit sich, daß wir alles, was unserm Willen gemäß geht, nicht recht merken und innewerden. Sollen wir es merken, so muß es nicht sogleich unserm Willen gemäß gegangen sein, sondern irgendeinen Anstoß gefunden haben. – Hingegen alles, was unserm Willen sich entgegenstellt, ihn durchkreuzt, ihm widerstrebt, also alles Unangenehme und Schmerzliche empfinden wir unmittelbar, sogleich und sehr deutlich. Wie wir die Gesundheit unsers ganzen Leibes *nicht fühlen*, sondern nur die kleine Stelle, wo uns der Schuh drückt, so denken wir auch nicht an unsere gesamten, vollkommen wohl gehenden Angelegenheiten, sondern an irgendeine unbedeutende Kleinigkeit, die uns verdrießt. – Hierauf beruht die von mir öfter hervorgehobene Negativität des Wohlseins und Glücks, im Gegensatz der Positivität des Schmerzes.

Je mehr ein Mensch des ganzen Ernstes fähig ist, desto herzlicher kann er lachen.

Nichts wird uns zum gelassenen Ertragen der uns treffenden Unglücksfälle besser befähigen als die Überzeugung von der Wahrheit ... »Alles, was geschieht, vom Größten bis zum Kleinsten, geschieht notwendig.« Denn in das unvermeidlich Notwendige weiß der Mensch sich bald zu finden, und jene Erkenntnis läßt ihn alles, selbst das durch die fremdartigsten Zufälle Herbeigeführte, als ebenso notwendig ansehn wie das nach den bekanntesten Regeln und unter vollkommener Voraussicht Erfolgende.

Tausend heitere, angenehme Stunden lassen wir mit verdrießlichem Gesicht ungenossen an uns vorüberziehn, um nachher, zur trüben Zeit, mit vergeblicher Sehnsucht ihnen nachzuseufzen.

Kommt zu einem schmerzlosen Zustand noch die Abwesenheit der Langeweile, so ist das irdische Glück im wesentlichen erreicht; denn das übrige ist Schimäre.

Wen die Lasten des Lebens drücken, wer zwar wohl das Leben möchte und es bejaht, aber die Qualen desselben verabscheut und besonders das harte Los, das gerade ihm zugefallen ist, nicht länger tragen mag, ein solcher hat nicht vom Tode Befreiung zu hoffen und kann sich nicht durch Selbstmord retten. Nur mit falschem Scheine lockt ihn der finstere kühle Orkus als Hafen der Ruhe. Die Erde wälzt sich vom Tage in die Nacht, das Individuum stirbt, aber die Sonne selbst brennt ohne Unterlaß ewigen Mittag. Dem Willen zum Leben ist das Leben gewiß. Die Form des Lebens ist Gegenwart ohne Ende, gleichviel wie die Individuen, Erscheinungen der Idee, in der Zeit entstehn und vergehn, flüchtigen Träumen zu vergleichen.

Solange der Ausgang einer gefährlichen Sache nur noch zweifelhaft ist, solange nur noch die Möglichkeit, daß er ein glücklicher werde, vorhanden ist, darf an kein Zagen gedacht werden, sondern bloß an Widerstand, wie man am Wetter nicht verzweifeln darf, solange noch ein blauer Fleck am Himmel ist.

Das Leben und die Träume sind Blätter eines und des nämlichen Buches. Das Lesen im Zusammenhange heißt wirkliches Leben. Wenn aber die jedesmalige Lesestunde (der Tag) zu Ende und die Erholungszeit gekommen ist, so blättern wir oft noch müßig und schlagen, ohne Ordnung und Zusammenhang, bald hier, bald dort ein Blatt auf: oft ist es ein schon gelesenes, oft ein noch unbekanntes, aber immer aus demselben Buch …

Vom Tod

Es ist wirklich unglaublich, wie nichtssagend und bedeutungsleer, von außen gesehn, und wie dumpf und besinnungslos, von innen empfunden, das Leben der allermeisten Menschen dahinfließt. Es ist ein mattes Sehnen und Quälen, ein träumerisches Taumeln durch die vier Lebensalter hindurch zum Tode, unter Begleitung einer Reihe trivialer Gedanken. Sie gleichen Uhrwerken, welche aufgezogen werden und gehn, ohne zu wissen, warum; und jedesmal, daß ein Mensch gezeugt und geboren worden, ist die Uhr des Menschenlebens aufs neue aufgezogen, um jetzt ihr schon zahllose Male abgespieltes Leierstück abermals zu wiederholen, Satz vor Satz und Takt vor Takt, mit unbedeutenden Variationen.

Wer sein Dasein bloß als ein zufälliges auffaßt, muß allerdings fürchten, es durch den Tod zu verlieren. Hingegen wer auch nur im allgemeinen einsieht, daß dasselbe auf irgendeiner ursprünglichen Notwendigkeit beruhe, wird nicht glauben, daß diese, die etwas so Wundervolles herbeigeführt hat, auf eine solche Spanne Zeit beschränkt sei, sondern daß sie in jeder wirke. Als ein notwendiges aber wird sein Dasein erkennen, wer erwägt, daß bis jetzt, da er existiert, bereits eine unendliche Zeit, also auch eine Unendlichkeit von Veränderungen, abgelaufen ist, er aber dieser ungeachtet doch da ist: die ganze Möglichkeit aller Zustände hat sich also bereits erschöpft, ohne sein Dasein aufheben zu können. *Könnte er jemals nicht sein, so wäre er schon jetzt nicht.* Denn die Unendlichkeit der bereits abgelaufenen Zeit, mit der darin erschöpften Möglichkeit ihrer Vorgänge, verbürgt, daß, *was existiert, notwendig existiert.* Mithin hat jeder sich als ein notwendiges Wesen zu begreifen, d.h. als ein solches, aus dessen wahrer und erschöpfender Definition, wenn man sie nur hätte, das Dasein desselben folgen würde. In diesem Gedankengange liegt wirklich der allein immanente, d.h. sich im Bereich erfahrungsmäßiger Data haltende, Beweis der Unvergänglichkeit unsers eigentlichen Wesens. Diesem nämlich muß die Existenz inhärieren, weil sie sich als von allen durch die Kausalkette möglicherweise herbeiführbaren Zustände unabhängig erweist: denn diese haben bereits das Ihrige getan, und dennoch ist unser Dasein davon so unerschüttert geblieben wie der Lichtstrahl vom Sturmwind, den er durchschneidet. Könnte die Zeit aus eigenen Kräften uns einem glückseligen Zustand entgegenführen, so wären wir schon lange da: denn eine unendliche Zeit liegt hinter uns. Aber ebenfalls: könnte sie uns dem Untergange entgegenführen, so wären wir schon längst nicht mehr. Daraus, daß wir jetzt da sind, folgt, wohlerwogen, daß wir jederzeit dasein müssen. Denn wir sind selbst das Wesen, welches die Zeit, um ihre Leere auszufüllen, in sich aufgenommen hat: deshalb füllt es eben die *ganze* Zeit, Gegenwart, Vergangenheit und Zukunft auf gleiche Weise, und es ist uns so unmöglich, aus dem Dasein wie aus dem Raume hinauszufallen. – Genau betrachtet ist es undenkbar, daß das, was einmal in aller Kraft der Wirklichkeit da ist, jemals zu nichts werden und dann eine unendliche Zeit hindurch nicht sein sollte. Hieraus ist die Lehre der Christen von der Wiederbringung aller Dinge, die der Hindu von der sich stets erneuernden Schöpfung der Welt durch Brahma nebst ähnlichen Dogmen griechischer Philosophen hervorgegangen. – Das große Geheimnis unsers Seins und Nichtseins, welches aufzuklären diese und alle damit verwandten Dogmen erdacht wurden, beruht zuletzt darauf, daß dasselbe, was objektiv eine unendliche Zeitreihe ausmacht, subjektiv ein Punkt, eine unteilbare, allezeit gegenwärtige Gegenwart ist ... Demnach, statt zu den Menschen zu sagen: »Ihr seid durch die Geburt entstanden, aber unsterblich«; sollte man ihnen sagen: »Ihr seid nicht nichts«, und sie dieses verstehn lehren ... Wenn es jedoch hiemit nicht gelingt, sondern das beängstigte Herz sein altes Klagelied anstimmt: »Ich sehe alle Wesen durch die Geburt aus dem Nichts entstehn und diesem nach kurzer Frist wieder anheimfallen: auch mein Dasein, jetzt in der Gegenwart, wird bald in ferner Vergangenheit liegen, und ich werde nichts sein!« – so ist die richtige Antwort: »Bist du nicht da? Hast du sie nicht inne, die kostbare Gegenwart, nach der ihr Kinder der Zeit alle so gierig trachtet, jetzt inne, wirklich inne? Und verstehst du, wie du zu ihr gelangt bist? Kennst du die Wege, die dich zu ihr geführt haben, daß du einsehn könntest, sie würden dir durch den Tod versperrt? Ein Dasein deines Selbst, nach der Zerstörung deines Leibes, ist dir seiner Möglichkeit nach unbegreiflich: aber kann es dir unbegreiflicher sein, als dir dein jetziges Dasein ist und wie du dazu gelangtest? Warum solltest du zweifeln, daß die geheimen Wege, die dir zu dieser Gegenwart offenstanden, dir nicht auch zu jeder künftigen offenstehn werden?«

In der Stunde des Todes entscheidet sich, ob der Mensch in den Schoß der Natur zurückfällt oder aber dieser nicht mehr angehört, sondern – – –: für diesen Gegenstand fehlt uns Bild, Begriff und Wort, eben weil diese sämtlich aus der Objektivation des Willens genommen sind, daher dieser angehören, folglich das absolute Gegenteil desselben auf keine Weise ausdrücken können, welches demnach für uns als eine bloße Negation stehnbleibt. Inzwischen ist der Tod des Individuums die jedesmalige und unermüdlich wiederholte Anfrage der Natur an den Willen zum Leben: »Hast du genug? Willst du aus mir hinaus?« Damit sie oft genug geschehe, ist das individuelle Leben so kurz. In diesem Sinne gedacht sind die Zeremonien, Gebete und Ermahnungen der Brahmanen zur Zeit des Todes, wie man sie im Upanischad an mehreren Stellen aufbewahrt findet, und ebenso die christliche Fürsorge für gehörige Benutzung der Sterbestunde mittels Ermahnung, Beichte, Kommunion und letzter Ölung: daher auch die christlichen Gebete um Bewahrung vor einem plötzlichen Ende. Daß heutzutage viele gerade dieses sich wünschen, beweist eben nur, daß sie nicht mehr auf dem christlichen Standpunkt stehn, welcher der der Verneinung des Willens zum Leben ist, sondern auf dem der Bejahung, welcher der heidnische ist.

Wie kann man nur beim Anblick des *Todes* eines Menschen vermeinen, hier werde ein Ding an sich selbst *zu nichts*? Daß vielmehr nur eine Erscheinung in der Zeit, dieser Form aller Erscheinungen, ihr Ende finde, ohne daß das Ding an sich selbst dadurch angefochten werde, ist eine unmittelbare, intuitive Erkenntnis jedes Menschen; daher man es zu allen

Zeiten, in den verschiedensten Formen und Ausdrücken, die aber alle der Erscheinung entnommen, in ihrem eigentlichen Sinn sich nur auf diese beziehen, auszusprechen bemüht gewesen ist. Jeder fühlt, daß er etwas anderes ist als ein von einem andern einst aus nichts geschaffenes Wesen. Daraus entsteht ihm die Zuversicht, daß der Tod wohl seinem Leben, jedoch nicht seinem Dasein ein Ende machen kann. Der Mensch ist etwas anderes als ein belebtes Nichts: – und das *Tier auch*. Wer da meint, sein Dasein sei auf sein jetziges Leben beschränkt, hält sich für ein belebtes Nichts: denn vor dreißig Jahren war er nichts, und über dreißig Jahre ist er wieder nichts.

Wenn, was uns den Tod so schrecklich erscheinen läßt, der Gedanke des *Nichtseins* wäre, so müßten wir mit gleichem Schauder der Zeit gedenken, da wir noch nicht waren. Denn es ist unumstößlich gewiß, daß das Nichtsein nach dem Tode nicht verschieden sein kann von dem vor der Geburt, folglich auch nicht beklagenswerter. Eine ganze Unendlichkeit ist abgelaufen, als wir *noch nicht* waren: aber das betrübt uns keineswegs. Hingegen, daß nach dem momentanen Intermezzo eines ephemeren Daseins eine zweite Unendlichkeit folgen sollte, in der wir *nicht mehr* sein werden, finden wir hart, ja unerträglich. Sollte nun dieser Durst nach Dasein etwa dadurch entstanden sein, daß wir es jetzt gekostet und so gar allerliebst gefunden hätten? Gewiß nicht; viel eher hätte die gemachte Erfahrung eine unendliche Sehnsucht nach dem verlorenen Paradiese des Nichtseins erwecken können. Auch wird der Hoffnung der Seelen-Unsterblichkeit allemal die einer »bessern Welt« angehängt – ein Zeichen, daß die gegenwärtige nicht viel taugt. – Dieses alles ungeachtet ist die Frage nach unsrem Zustande nach dem Tode gewiß zehntausendmal öfter, in Büchern und mündlich, erörtert worden als die nach unserm Zustande vor der Geburt. Theoretisch ist dennoch die eine ein ebenso naheliegendes und berechtigtes Problem wie die andere: auch würde, wer die eine beantwortet hätte, mit der andern wohl gleichfalls im klaren sein. Schöne Deklamationen haben wir darüber, wie anstößig es wäre, zu denken, daß der Geist des Menschen, der die Welt umfaßt und so viele höchst vortreffliche Gedanken hat, mit ins Grab gesenkt würde: aber darüber, daß dieser Geist eine ganze Unendlichkeit habe verstreichen lassen, ehe er mit diesen seinen Eigenschaften entstanden sei, und die Welt ebensolange sich ohne ihn habe behelfen müssen, hört man nichts. Dennoch bietet der vom Willen unbestochenen Erkenntnis keine Frage sich natürlicher dar als diese: eine unendliche Zeit ist vor meiner Geburt abgelaufen; was war ich alle jene Zeit hindurch? – Metaphysisch ließe sich vielleicht antworten: »Ich war immer ich: nämlich alle, die jene Zeit hindurch ich sagten, die waren eben ich.« Allein hievon sehn wir auf unserm vor der Hand noch ganz empirischen Standpunkt ab und nehmen an, ich wäre gar nicht gewesen. Dann aber kann ich mich über die unendliche Zeit nach meinem Tode, da ich nicht sein werde, trösten mit der unendlichen Zeit, da ich schon nicht gewesen bin, als einem wohl gewohnten und wahrlich sehr bequemen Zustande. Denn die Unendlichkeit a parte post ohne mich kann so wenig schrecklich sein als die Unendlichkeit a parte ante ohne mich; indem beide durch nichts sich unterscheiden als durch die Dazwischenkunft eines ephemeren Lebenstraums.

Es hat sich ergeben, daß die sorgfältige und durch unzählige Stufen bis zur leidenschaftlichen Liebe steigende Auswahl bei der Befriedigung des Geschlechtstriebes auf dem höchst ernsten Anteil beruht, welchen der Mensch an der speziellen persönlichen Beschaffenheit des kommenden Geschlechts nimmt. Dieser überaus merkwürdige Anteil nun bestätigt zwei in den vorhergegangenen Kapiteln dargetane Wahrheiten: 1. Die Unzerstörbarkeit des Wesens an sich des Menschen, als welches in jenem kommenden Geschlechte fortlebt. Denn jener so lebhafte und eifrige, nicht aus Reflexion und Vorsatz, sondern aus dem innersten Zuge und Triebe unsers Wesens entspringende Anteil könnte nicht so unvertilgbar vorhanden sein und so große Macht über den Menschen ausüben, wenn dieser absolut vergänglich wäre und ein von ihm wirklich und durchaus verschiedenes Geschlecht bloß der Zeit nach auf ihn folgte. 2. Daß sein Wesen an sich mehr in der Gattung als im Individuum liegt. Denn jenes Interesse an der speziellen Beschaffenheit der Gattung, welches die Wurzel aller Liebeshändel, von der flüchtigsten Neigung bis zur ernstlichsten Leidenschaft, ausmacht, ist jedem eigentlich die höchste Angelegenheit, nämlich die, deren Gelingen oder Mißlingen ihn am empfindlichsten berührt; daher sie vorzugsweise die *Herzensangelegenheit* genannt wird: auch wird diesem Interesse, wenn es sich stark und entschieden ausgesprochen hat, jedes bloß die eigene Person betreffende nachgesetzt und nötigenfalls aufgeopfert. Dadurch also bezeugt der Mensch, daß ihm die Gattung näher liegt als das Individuum und er unmittelbarer in jener als in diesem lebt.

Warum demnach hängt der Verliebte mit gänzlicher Hingebung an den Augen seiner Auserkorenen und ist bereit, ihr jedes Opfer zu bringen? – Weil sein *unsterblicher* Teil es ist, der nach ihr verlangt; nach allem sonstigen immer nur der sterbliche. – Jenes lebhafte oder gar inbrünstige auf ein bestimmtes Weib gerichtete Verlangen ist sonach ein unmittelbares Unterpfand der Unzerstörbarkeit des Kerns unsers Wesens und seines Fortbestandes in der Gattung. Diesen Fortbestand nun aber für etwas Geringfügiges und Ungenügendes zu halten ist ein Irrtum, der daraus entspringt, daß man unter dem Fortleben der Gattung sich nichts weiter denkt als das künftige Dasein uns ähnlicher, jedoch in keinem Betracht mit uns identischer Wesen, und dies wieder, weil man, von der nach außen gerichteten Erkenntnis ausgehend, nur die äußere Gestalt der Gattung, wie wir diese anschaulich auffassen, und nicht ihr inneres Wesen in Betracht zieht. Dieses innere Wesen aber gerade ist es, was unserm eigenen Bewußtsein als dessen Kern zum Grunde liegt, daher sogar unmittelbarer als dieses selbst ist und als Ding an sich, frei vom principium individuationis, eigentlich Dasselbe und Identische ist in allen Individuen, sie mögen neben- oder nacheinander dasein. Dieses nun ist der Wille zum Leben, also gerade das, was Leben und Fortdauer so dringend verlangt. Dies eben bleibt demnach vom Tode verschont und unangefochten …

Dieser mit dem Tode gleich geheimnisvolle Vorgang stellt uns den fundamentalen Gegensatz zwischen Erscheinung und Wesen an sich der Dinge, d. i. zwischen der Welt als Vorstellung und der Welt als Wille, wie auch die gänzliche Heterogenität der Gesetze beider am unmittelbarsten vor Augen. Der Zeugungsakt nämlich stellt sich uns auf zweifache Weise dar: erstlich für das Selbstbewußtsein, dessen alleiniger Gegenstand der Wille mit allen seinen Affektionen ist: und sodann für das Bewußtsein anderer Dinge, d. i. der Welt der Vorstellung oder der empirischen Realität der Dinge. Von der Willensseite nun, also innerlich, subjektiv, für das Selbstbewußtsein, stellt jener Akt sich dar als die unmittelbarste und vollkommenste Befriedigung des Willens, d. i. als Wollust. Von der Vorstellungsseite hingegen, also äußerlich, objektiv, für das Bewußtsein von andern Dingen, ist ebendieser Akt der Einschlag zum allerkünstlichsten Gewebe, die Grundlage des unaussprechlich komplizierten animalischen Organismus, der dann nur noch der Entwicklung bedarf, um unsern erstaunten Augen sichtbar zu werden. Dieser Organismus, dessen ins Unendliche gehende Komplikation und Vollendung nur der kennt, welcher Anatomie studiert hat, ist von der Vorstellungsseite aus nicht anders zu begreifen und zu denken als ein mit der planvollsten Kombination ausgedachtes und mit überschwenglicher Kunst und Genauigkeit ausgeführtes System, als das mühseligste Werk der tiefsten Überlegung: – nun aber von der Willensseite kennen wir, durch das Selbstbewußtsein, seine Hervorbringung als das Werk eines Aktes, der das gerade Gegenteil aller Überlegungen ist, eines ungestümen blinden Dranges, einer überschwenglich wollüstigen Empfindung.

Dieser Gegensatz ist genau verwandt mit dem nachgewiesenen unendlichen Kontrast zwischen der absoluten Leichtigkeit, mit der die Natur ihre Werke hervorbringt, nebst der dieser entsprechenden grenzenlosen Sorglosigkeit, mit welcher sie solche der Vernichtung preisgibt – und der unberechenbar künstlichen und durchdachten Konstruktion ebendieser Werke, nach welcher zu urteilen sie unendlich schwer zu machen und daher über ihre Erhaltung mit aller ersinnlichen Sorgfalt zu wachen sein müßte; während wir das Gegenteil vor Augen haben. –

Haben wir nun durch diese freilich sehr ungewöhnliche Betrachtung die beiden heterogenen Seiten der Welt aufs schroffste aneinandergebracht und sie gleichsam mit *einer* Faust umspannt, so müssen wir sie jetzt festhalten, um uns vor der gänzlichen Ungültigkeit der Gesetze der Erscheinung, oder Welt als Vorstellung, für die des Willens oder der Dinge an sich zu überzeugen: dann wird es uns faßlicher werden, daß, während auf der Seite der Vorstellung, d. i. in der Erscheinungswelt, sich uns bald ein Entstehn aus nichts, bald eine gänzliche Vernichtung des Entstandenen darstellt, von jener andern Seite aus, oder an sich, ein Wesen vorliegt, auf welches angewandt die Begriffe von Entstehn und Vergehn gar keinen Sinn haben. Denn wir haben soeben, indem wir auf den Wurzelpunkt zurückgingen, wo mittelst des Selbstbewußtseins die Erscheinung und das Wesen an sich zusammenstoßen, es gleichsam mit Händen gegriffen, daß beide schlechthin inkommensurabel sind und die ganze Welt des Seins des einen, nebst allen Grundgesetzen dieses Seins, im andern nichts und weniger als nichts bedeutet. –

Ich habe auseinandergesetzt, daß die große Anhänglichkeit an das Leben oder vielmehr die Furcht vor dem Tode keineswegs aus der *Erkenntnis* entspringt, in welchem Fall sie das Resultat des erkannten Wertes des Lebens sein würde, sondern daß jene Todesfurcht ihre Wurzel unmittelbar im Willen hat, aus dessen ursprünglichem Wesen, in welchem er ohne alle Erkenntnis und daher blinder Wille zum Leben ist, sie hervorgeht. Wie wir in das Leben hineingelockt werden durch den ganz illusorischen Trieb zur Wollust, so werden wir darin festgehalten durch die gewiß ebenso illusorische Furcht vor dem Tode. Beides entspringt unmittelbar aus dem Willen, der an sich erkenntnislos ist. Wäre umgekehrt der Mensch ein bloß *erkennendes* Wesen, so müßte der Tod ihm nicht nur gleichgültig, sondern sogar willkommen sein. Jetzt lehrt die Betrachtung, zu der wir hier gelangt sind, daß, was vom Tode getroffen wird, bloß das *erkennende* Bewußtsein ist, hingegen der Wille, sofern er das Ding an sich ist, welches jeder individuellen Erscheinung zum Grunde liegt, von allem auf Zeitbestimmungen Beruhenden frei, also auch unvergänglich ist.

Wie durch den Eintritt der Nacht die Welt verschwindet, dabei jedoch keinen Augenblick zu sein aufhört; ebenso scheinbar vergeht Mensch und Tier durch den Tod, und ebenso ungestört besteht dabei ihr wahres Wesen fort. Nun denke man sich jenen Wechsel von Tod und Geburt in unendlich schnellen Vibrationen, und man hat die beharrliche Objektivation des Willens, die bleibenden Ideen der Wesen vor sich, fest stehend, wie der Regenbogen auf dem Wasserfall. Dies ist die zeitliche Unsterblichkeit. Infolge derselben ist, trotz Jahrtausenden des Todes und der Verwesung, noch nichts verlorengegangen, kein Atom der Materie, noch weniger etwas von dem innern Wesen, welches als die Natur sich darstellt. Demnach können wir jeden Augenblick wohlgemut ausrufen: »Trotz Zeit, Tod und Verwesung sind wir noch alle beisammen.«

Das Leben kann ... angesehn werden als ein Traum und der Tod als das Erwachen. Dann aber gehört die Persönlichkeit, das Individuum, dem träumenden und nicht dem wachen Bewußtsein an; weshalb denn jenem der Tod sich als Vernichtung darstellt. Jedenfalls jedoch ist er, von diesem Gesichtspunkt aus, nicht zu betrachten als der Übergang zu einem uns ganz neuen und fremden Zustande, vielmehr nur als der Rücktritt zu dem uns ursprünglich eigenen, als von welchem das Leben nur eine kurze Episode war.

Wenn inzwischen ein Philosoph etwa vermeinen sollte, er würde im Sterben einen ihm allein eigenen Trost, jedenfalls eine Diversion, darin finden, daß dann ihm ein Problem sich löste, welches ihn so häufig beschäftigt hat, so wird es ihm vermutlich gehn wie einem, dem, als er eben das Gesuchte zu finden im Begriff ist, die Laterne ausgeblasen wird.

Denn im Tode geht allerdings das Bewußtsein unter; hingegen keineswegs das, was bis dahin dasselbe hervorgebracht hatte. Das Bewußtsein nämlich beruht zunächst auf dem Intellekt; dieser aber auf einem physiologischen Prozeß. Denn er ist augenscheinlich die Funktion des Gehirns und daher bedingt durch das Zusammenwirken des Nerven- und Gefäßsystems; näher, durch das vom Herzen aus ernährte, belebte und fortwährend erschütterte Gehirn, durch dessen künstlichen und geheimnisvollen Bau, welchen die Anatomie beschreibt, aber die Physiologie nicht versteht, das Phänomen der objektiven Welt und das Getriebe unserer Gedanken zustande kommt ... Der Zustand hingegen, in welchen uns der Tod zurückversetzt, ist unser ursprünglicher, d.h. ist der selbsteigene Zustand des Wesens, dessen Urkraft in der Hervorbringung und Unterhaltung des jetzt aufhörenden Lebens sich darstellt. Es ist nämlich der Zustand des Dinges an sich, im Gegensatz der Erscheinung. In diesem Urzustande nun ist, ohne Zweifel, ein solcher Notbehelf wie das zerebrale, höchst mittelbare und ebendeshalb bloße Erscheinungen liefernde Erkennen, durchaus überflüssig; daher wir es eben verlieren. Sein Wegfallen ist eins mit dem Aufhören der Erscheinungswelt für uns, deren bloßes Medium es war und zu nichts anderem dienen kann. Würde in diesem unserm Urzustande die Beibehaltung jenes animalen Bewußtseins uns sogar angeboten, so würden wir es von uns weisen wie der geheilte Lahme die Krücken.

Klopfte man an die Gräber und fragte die Toten, ob sie wieder aufstehn wollten; sie würden mit den Köpfen schütteln.

So weilt alles nur einen Augenblick und eilt dem Tode zu. Die Pflanze und das Insekt sterben am Ende des Sommers, das Tier, der Mensch nach wenig Jahren: der Tod mäht unermüdlich. Desungeachtet aber, ja als ob dem ganz und gar nicht so wäre, ist jederzeit alles da und an Ort und Stelle, eben als wenn alles unvergänglich wäre. Jederzeit grünt und blüht die Pflanze, schwirrt das Insekt, steht Tier und Mensch in unverwüstlicher Jugend da, und die schon tausendmal genossenen Kirschen haben wir jeden Sommer wieder vor uns. Auch die Völker stehn da als unsterbliche Individuen; wenn sie gleich bisweilen die Namen wechseln: sogar ist ihr Tun, Treiben und Leiden allezeit dasselbe; wenngleich die Geschichte stets etwas anderes zu erzählen vorgibt: denn diese ist wie das Kaleidoskop, welches bei jeder Wendung eine neue

Konfiguration zeigt, während wir eigentlich immer dasselbe vor Augen haben …

Für uns ist und bleibt der Tod ein *Negatives* – das Aufhören des Lebens, allein er muß auch eine positive Seite haben, die jedoch uns verdeckt bleibt, weil unser Intellekt durchaus unfähig ist, sie zu fassen. Daher erkennen wir wohl, was wir durch den Tod verlieren, aber nicht, was wir durch ihn gewinnen.

Geistesprodukte: Über Philosophen, Schriftsteller und Bücher

Das große Publikum meint, es sei mit den Büchern wie mit den Eiern: sie müssen frisch genossen werden; daher greift es stets nach dem Neuen.

Auf Reisen lernt man, wie hart und erstarrt die Denkungsart der großen Masse der Menschen sei und wie schwer ihr beizukommen. – Lebt man in Büchern, so hat man beständig nur die leichte Mitteilung der Gedanken und die schnelle Reaktion der Geister aufeinander vor Augen und vergißt leicht, wie ganz anders es in der komparativ allein realen Menschenwelt beschaffen sei, glaubt vielmehr, jede Erkenntnis gehöre sofort ganz Europa an. – Aber sooft man nun nur 2 oder 3 Tage mit Extrapost weiterfährt, so findet man jedesmal zu seinem Erstaunen ganz andre Vorurteile, Wahne, Sitten und Gebräuche als dort, woher man kommt, die seit Jahrhunderten hier leben und dort nie gediehen. – Man lernt dann erkennen, wie weit die *Kluft zwischen dem Volke und den Büchern* sei, wie langsam (obwohl sicher) die erkannten Wahrheiten zum Volk gelangen, *daher in bezug auf die Schnelligkeit der Fortpflanzung dem physischen Licht nichts unähnlicher ist als das geistige.*

Dies alles aber kommt daher, daß das eigentliche Volk, die große Masse, sehr wenig denkt, da es ihm an Zeit dazu gänzlich mangelt. So bewahrt es zwar seine Irrtümer sehr lange, ist dagegen aber auch nicht, wie die gelehrte Welt, eine Wetterfahne der gesamten Windrose täglich wechselnder Meinungen. Sehr glücklicherweise: denn die große, schwere Masse sich in so rascher Bewegung vorzustellen ist ein schrecklicher Gedanke, zumal wenn man dabei erwägt, was sie in ihren Wendungen alles fort- und umstoßen würde.

Was einem Briefe die Aufschrift, das soll einem Buche sein *Titel* sein, also zunächst den Zweck haben, dasselbe dem Teil des Publikums zuzuführen, welchem sein Inhalt interessant sein kann. Daher soll der Titel bezeichnend und, da er wesentlich kurz ist, konzis, lakonisch, prägnant und, wo möglich, ein Monogramm des Inhalts sein. Schlecht sind demnach die weitschweifigen, die nichtssagenden, die schielenden, zweideutigen oder gar falschen und irreführenden Titel, welche letztere ihrem Buche das Schicksal der falsch überschriebenen Briefe bereiten können. Die schlechtesten aber sind die gestohlenen Titel, d. h. solche, die schon ein anderes Buch führt: denn sie sind erstlich ein Plagiat und zweitens der bündigste Beweis des allertotalsten Mangels an Originalität: denn wer deren nicht genug hat, seinem Buch einen neuen Titel zu ersinnen, wird noch viel weniger ihm einen neuen Inhalt zu geben fähig sein. Diesen verwandt sind die nachgeahmten, d. h. halbgestohlenen Titel, z. B. wenn lange nachdem ich ›Über den Willen in der Natur‹ geschrieben habe, Oersted ›Über den Geist in der Natur‹ schreibt.

Ein Buch kann nie mehr sein als der Abdruck der Gedanken des Verfassers. Der Wert dieser Gedanken liegt entweder im *Stoff*, also in dem, *worüber* er gedacht hat: oder in der *Form*, d.h. der Bearbeitung des Stoffes, also in dem, *was* er darüber gedacht hat.

Das Worüber ist gar mannigfaltig, und ebenso die Vorzüge, welche es den Büchern erteilt. Aller empirische Stoff, also alles historisch oder physisch Tatsächliche, an sich selbst und im weitesten Sinne genommen, gehört hieher. Das Eigentümliche liegt dabei im *Objekt;* daher das Buch wichtig sein kann, wer auch immer der Verfasser sei.

Beim Was hingegen liegt das Eigentümliche im *Subjekt*. Die Gegenstände können solche sein, welche allen Menschen zugänglich und bekannt sind: aber die Form der Auffassung, das Was des Denkens, erteilt hier den Wert und liegt im Subjekt. Ist daher ein Buch von dieser Seite vortrefflich und ohnegleichen, so ist es sein Verfasser auch. Hieraus folgt, daß das Verdienst eines lesenswerten Schriftstellers um so größer ist, je weniger es dem Stoff verdankt, mithin sogar, je bekannter und abgenutzter dieser ist. So z.B. haben die drei großen griechischen Tragiker sämtlich denselben Stoff bearbeitet.

Also soll man, wenn ein Buch berühmt ist, wohl unterscheiden, ob wegen des Stoffs oder wegen der Form.

Ganz gewöhnliche und platte Menschen können, vermöge des *Stoffs*, sehr wichtige Bücher liefern, indem derselbe gerade nur ihnen zugänglich war: z.B. Beschreibungen ferner Länder, seltener Naturerscheinungen, angestellter Versuche, Geschichte, deren Zeuge sie gewesen oder deren Quellen aufzusuchen und speziell zu studieren sie Mühe und Zeit verwendet haben.

Hingegen wo es auf die *Form* ankommt, indem der Stoff jedem zugänglich oder gar schon bekannt ist; wo also nur das Was des Denkens über denselben der Leistung Wert geben kann; da vermag nur der eminente Kopf etwas Lesenswertes zu liefern. Denn die übrigen werden allemal nur das denken, was jeder andere auch denken kann. Sie geben den Abdruck ihres Geistes: aber von dem besitzt jeder schon selbst das Original.

Das Publikum jedoch wendet seine Teilnahme sehr viel mehr dem Stoff als der Form zu und bleibt ebendadurch in seiner höheren Bildung zurück. Am lächerlichsten legt es diesen Hang bei Dichterwerken an den Tag, indem es sorgfältig den realen Begebenheiten oder den persönlichen Umständen des Dichters, welche ihnen zum Anlaß gedient haben, nachspürt: ja, diese werden ihm zuletzt interessanter als die Werke selbst, und es liest mehr *über* als *von* Goethe und studiert fleißiger die Faustsage als den Faust, und wenn schon Bürger sagt: »sie werden gelehrte Untersuchungen anstellen darüber, wer die Lenore eigentlich gewesen«; so sehn wir dies an *Goethe* buchstäblich in Erfüllung gehn, da wir schon viel gelehrte Untersuchungen über den Faust und die Faustsage haben. Sie sind und bleiben stoffartig. – Diese Vorliebe für den Stoff im Gegensatz der Form ist, wie wenn einer die Form und Malerei einer schönen hetrurischen Vase unbeachtet ließe, um den Ton und die Farben derselben chemisch zu untersuchen.

Das diesem schlechten Hange frönende Unternehmen, durch den *Stoff* zu wirken, wird absolut verwerflich in Fächern, wo das Verdienst ausdrücklich in der *Form* liegen soll – also in den poetischen. Dennoch sieht man häufig schlechte dramatische Schriftsteller bestrebt, mittels des Stoffes das Theater zu füllen: z. B. bringen sie jeden irgend berühmten

Mann, so nackt an dramatischen Vorgängen sein Leben auch gewesen sein mag, auf die Bühne, ja, bisweilen ohne auch nur abzuwarten, daß die mit ihm auftretenden Personen gestorben seien.

Der hier in Rede stehende Unterschied zwischen Stoff und Form behauptet sogar hinsichtlich der Konversation sein Recht. Zu dieser nämlich befähigt einen Mann zunächst Verstand, Urteil, Witz und Lebhaftigkeit, als welche der Konversation die *Form* geben. Sodann aber wird bald der *Stoff* derselben in Betrachtung kommen, also das, worüber man mit dem Manne reden kann, seine Kenntnisse. Sind diese sehr gering, so kann nur ein ganz ungemein hoher Grad der obigen formellen Eigenschaften seiner Konversation Wert erteilen, indem diese alsdann hinsichtlich ihres Stoffes auf die allgemein bekannten menschlichen und natürlichen Verhältnisse und Dinge verwiesen ist. Umgekehrt steht es, wenn diese formellen Eigenschaften einem Manne fehlen, hingegen seine Kenntnisse irgendeiner Art seiner Konversation Wert erteilen, der aber alsdann gänzlich auf ihrem Stoff beruht, gemäß dem spanischen Sprichwort: mas sabe el necio en su casa, que el sabio en la agena. [In seinem Hause weiß der Narr besser Bescheid als der Weise in einem fremden.]

Zuvörderst gibt es zweierlei Schriftsteller: solche, die der Sache wegen, und solche, die des Schreibens wegen schreiben. Jene haben Gedanken gehabt oder Erfahrungen gemacht, die ihnen mitteilenswert scheinen; diese brauchen Geld, und deshalb schreiben sie, für Geld. Sie denken zum Behuf des Schreibens. Man erkennt sie daran, daß sie ihre Gedanken möglichst lang ausspinnen und auch halbwahre, schiefe, forcierte und schwankende Gedanken ausführen, auch meistens das Helldunkel lieben, um zu scheinen, was sie nicht sind; weshalb ihrem Schreiben Bestimmtheit und volle Deutlichkeit abgeht. Man kann daher bald merken, daß sie, um Papier zu füllen, schreiben: bei unsern besten Schriftstellern kann man es mitunter erleben: z.B. stellenweise in Lessings Dramaturgie und sogar in manchen Romanen Jean Pauls. Sobald man es merkt, soll man das Buch wegwerfen: denn die Zeit ist edel. Im Grunde aber betrügt der Autor den Leser, sobald er schreibt, um Papier zu füllen: denn sein Vorgeben ist, zu schreiben, weil er etwas mitzuteilen hat. – Honorar und Verbot des Nachdrucks sind im Grunde der Verderb der Literatur. Schreibenswertes schreibt nur, wer ganz allein der Sache wegen schreibt. Welch ein unschätzbarer Gewinn würde es sein, wenn, in allen Fächern der Literatur, nur wenige, aber vortreffliche Bücher existierten. Dahin aber kann es nie kommen, solange Honorar zu verdienen ist. Denn es ist, als ob ein Fluch auf dem Gelde läge: jeder Schriftsteller wird schlecht, sobald er irgend des Gewinns wegen schreibt. Die vortrefflichsten Werke der großen Männer sind alle aus der Zeit, als sie noch umsonst oder für ein sehr geringes Honorar schreiben mußten. Also auch hier bewährt sich das spanische Sprichwort: honra y provecho no caben en un saco. (Ehre und Geld gehn nicht in denselben Sack.) – Der ganze Jammer der heutigen Literatur in und außer Deutschland hat zur Wurzel das Geldverdienen durch Bücherschreiben. Jeder, der Geld braucht, setzt sich hin und schreibt ein Buch, und das Publikum ist so dumm, es zu kaufen. Die sekundäre Folge davon ist der Verderb der Sprache.

Eine große Menge schlechter Schriftsteller lebt allein von

der Narrheit des Publikums, nichts lesen zu wollen, als was heute gedruckt ist: – die Journalisten. Treffend benannt! Verdeutscht würde es heißen »Tagelöhner«.

Wiederum kann man sagen, es gebe dreierlei Autoren: erstlich solche, welche schreiben, ohne zu denken. Sie schreiben aus dem Gedächtnis, aus Reminiscenzen oder gar unmittelbar aus fremden Büchern. Diese Klasse ist die zahlreichste. – Zweitens solche, die während des Schreibens denken. Sie denken, um zu schreiben. Sind sehr häufig. – Drittens solche, die gedacht haben, ehe sie ans Schreiben gingen. Sie schreiben bloß, weil sie gedacht haben. Sind selten.

Jener Schriftsteller der zweiten Art, der das Denken bis zum Schreiben aufschiebt, ist dem Jäger zu vergleichen, der aufs Geratewohl ausgeht: er wird schwerlich sehr viel nach Hause bringen. Hingegen wird das Schreiben des Schriftstellers der dritten, seltenen Art, einer Treibjagd gleichen, als zu welcher das Wild zum voraus eingefangen und eingepfercht worden, um nachher haufenweise aus solchem Behältnisse herauszuströmen in einen andern ebenfalls umzäunten Raum, wo es dem Jäger nicht entgehn kann; so daß er bloß mit dem Zielen und Schießen (der Darstellung) zu tun hat. Dies ist die Jagd, welche etwas abwirft. –

Sogar nun aber unter der kleinen Anzahl von Schriftstellern, die wirklich, ernstlich und zum voraus denken, sind wieder nur äußerst wenige, welche über *die Dinge selbst* denken: die übrigen denken bloß über *Bücher*, über das von andern Gesagte. Sie bedürfen nämlich, um zu denken, der nähern und stärkern Anregung durch fremde, gegebene Gedanken. Diese werden nun ihr nächstes Thema; daher sie stets unter dem Einflusse derselben bleiben, folglich nie eigentliche Originalität erlangen. Jene ersteren hingegen werden durch die Dinge selbst zum Denken angeregt; daher ihr Denken unmittelbar auf diese gerichtet ist. Unter ihnen allein sind die zu finden, welche bleiben und unsterblich werden. – Es versteht sich, daß hier von hohen Fächern die Rede ist, nicht von Schriftstellern über das Branntweinbrennen.

Nur wer bei dem, was er schreibt, den Stoff unmittelbar aus seinem eigenen Kopf nimmt, ist wert, daß man ihn lese. Aber Büchermacher, Kompendienschreiber, gewöhnliche Historiker u. a. m. nehmen den Stoff unmittelbar aus den Büchern: aus diesen geht er in die Finger, ohne im Kopf auch nur Transitozoll und Visitation, geschweige Bearbeitung, erlitten zu haben. (Wie gelehrt wäre nicht mancher, wenn er alles das wüßte, was in seinen eigenen Büchern steht!) Daher hat ihr Gerede oft so unbestimmten Sinn, daß man vergeblich sich den Kopf zerbricht, herauszubringen, *was* sie denn am Ende denken. Sie denken eben gar nicht. Das Buch, aus dem sie schreiben, ist bisweilen ebenso verfaßt: also ist es mit dieser Schriftstellerei wie mit Gipsabdrücken von Abdrükken von Abdrücken usf., wobei am Ende der Antinous zum kaum kenntlichen Umriß eines Gesichtes wird. Daher sollte man Kompilatoren möglichst selten lesen: denn es ganz zu vermeiden ist schwer; indem sogar die Kompendien, welche das im Laufe vieler Jahrhunderte zusammengebrachte Wissen im engen Raum enthalten, zu den Kompilationen gehören.

Kein größerer Irrtum, als zu glauben, daß das zuletzt gesprochene Wort stets das richtigere, jedes später Geschriebene eine Verbesserung des früher Geschriebenen und jede Veränderung ein Fortschritt sei. Die denkenden Köpfe, die Menschen von richtigem Urteil und die Leute, denen es Ernst mit der Sache ist, sind alle nur Ausnahmen; die Regel ist überall in der Welt das Geschmeiß: und dieses ist stets bei der Hand und emsig bemüht, das von jenen nach reiflicher Überlegung Gesagte auf seine Weise zu verschlimmbessern. Daher hüte sich, wer über einen Gegenstand sich belehren will, sogleich nur nach den neuesten Büchern darüber zu greifen, in der Voraussetzung, daß die Wissenschaften immer fortschreiten und daß bei Abfassung dieser die ältern benutzt worden seien. Das sind sie wohl; aber wie? Der Schreiber versteht oft die ältern nicht gründlich, will dabei doch nicht geradezu ihre Worte gebrauchen, verballhornt und verhunzt daher das von ihnen sehr viel besser und deutlicher Gesagte; da sie aus eigener und lebendiger Sachkenntnis geschrieben haben. Oft läßt er das Beste, was sie herausgebracht haben, ihre treffendsten Erklärungen der Sache, ihre glücklichsten Bemerkungen, wieder fallen; weil er deren Wert nicht erkennt, das Prägnante derselben nicht fühlt. Ihm ist nur das Platte und Seichte homogen. – Schon oft ist ein älteres, vortreffliches Buch durch neuere, schlechtere, des Geldes wegen abgefaßte, aber prätentiös auftretende und durch die Kameraden angepriesene verdrängt worden. In der Wissenschaft will jeder, um sich geltend zu machen, etwas Neues zu Markte bringen: dies besteht oft bloß darin, daß er das bisher geltende Richtige umstößt, um seine Flausen an die Stelle zu setzen: bisweilen gelingt es kurze Zeit, und dann kehrt man zum alten Richtigen zurück. Jenen Neuerern ist es mit nichts in der Welt Ernst als mit ihrer werten Person…

Im ganzen also gilt hier wie überall diese Regel: das Neue ist selten das Gute; weil das Gute nur kurze Zeit das Neue ist…

Das eigentliche Leben eines Gedankens dauert nur, bis er an den Grenzpunkt der Worte angelangt ist: da petrifiziert er, ist fortan tot, aber unverwüstlich, gleich den versteinerten Tieren und Pflanzen der Vorwelt. Auch dem des Kristalls, im Augenblick des Anschießens, kann man sein momentanes eigentliches Leben vergleichen.

Sobald nämlich unser Denken Worte gefunden hat, ist es schon nicht mehr innig, noch im tiefsten Grunde ernst. Wo es anfängt, für andere dazusein, hört es auf, in uns zu leben; wie das Kind sich von der Mutter ablöst, wann es ins eigene Dasein tritt… Die Feder ist dem Denken, was der Stock dem Gehn: aber der leichteste Gang ist ohne Stock und das vollkommenste Denken geht ohne Feder vor sich. Erst wenn man anfängt alt zu werden, bedient man sich gern des Stockes und gern der Feder…

Um *unsterblich* zu sein, muß ein Werk so viele Trefflichkeiten haben, daß nicht leicht sich einer findet, der sie *alle* faßt und schätzt; jedoch allezeit *diese* Trefflichkeit von diesem, *jene* von jenem erkannt und verehrt wird; wodurch der Kredit des Werkes, den langen Lauf der Jahrhunderte hindurch und bei stets wechselndem Interesse, sich doch erhält, indem es bald in *diesem*, bald in *jenem* Sinne verehrt und nie erschöpft wird. – Der Urheber eines solchen aber, also der, welcher auf ein Bleiben und Leben noch bei der Nachwelt Anspruch hat, kann nur ein Mensch sein, der nicht bloß unter seinen Zeitgenossen auf der weiten Erde seinesgleichen vergeblich sucht und von jedem andern durch eine sehr merkliche Verschiedenheit augenfällig absticht; sondern der, wenn er sogar, wie der ewige Jude, mehrere Generationen durchwanderte, sich dennoch im selben Falle befinden würde; kurz, einer, von dem das Ariostische lo fece natura, e poi ruppe lo stampo [Natur hat ihn geprägt, und dann die Form zerbrochen] wirklich gilt. Denn sonst wäre nicht einzusehn, warum seine Gedanken nicht untergehn sollten wie alle andern ...

Mit den Kathederphilosophen unserer Tage freilich gehn die Sachen schneller, da sie keine Zeit zu verlieren haben: nämlich der *eine* Professor verkündet die Lehre seines auf der benachbarten Universität florierenden Kollegen als den endlich erreichten Gipfel menschlicher Weisheit; und sofort ist dieser ein großer Philosoph, der unverzüglich seinen Platz in der Geschichte der Philosophie einnimmt, nämlich in derjenigen, welche ein dritter Kollege zur nächsten Messe in Arbeit hat, der nun ganz unbefangen den unsterblichen Namen der Märtyrer der Wahrheit aus allen Jahrhunderten die werten Namen seiner eben jetzt florierenden wohlbestallten Kollegen anreiht als ebenso viele Philosophen, die auch in Reihe und Glied treten können, da sie sehr viel Papier gefüllt und allgemeine kollegialische Beachtung gefunden haben. Da heißt es dann z.B. ›Aristoteles und Herbart‹ oder ›Spinoza und Hegel‹, ›Platon und Schleiermacher‹, und die erstaunte Welt muß sehn, daß die Philosophen, welche die karge Natur ehemals im Laufe der Jahrhunderte nur vereinzelt hervorzubringen vermochte, während dieser letzten Dezennien unter den bekanntlich so hochbegabten Deutschen überall wie die Pilze aufgeschossen sind. Natürlich wird dieser Glorie des Zeitalters auf alle Weise nachgeholfen; daher, sei es in gelehrten Zeitschriften oder auch in seinen eigenen Werken, der eine Philosophie-Professor nicht ermangeln wird, die verkehrten Einfälle des andern mit wichtiger Miene und amtlichem Ernst in genaue Erwägung zu ziehn; so daß es ganz aussieht, als handelte es sich hier um wirkliche Fortschritte der menschlichen Erkenntnis. Dafür widerfährt seinem Abortus nächstens dieselbe Ehre, und wir wissen ja, daß nihil officiosius, quam cum mutuum muli scabunt [nichts würdevoller ist, als wenn zwei Maulesel sich gegenseitig kratzen]. So viele gewöhnliche Köpfe, die sich von Amts und Berufs wegen verpflichtet glauben, das vorzustellen, was die Natur mit ihnen am allerwenigsten beabsichtigt hatte, und die Lasten zu wälzen, welche die Schultern geistiger Riesen erfordern, bieten aber im Ernst ein gar klägliches Schauspiel dar. Denn den Heisern singen zu hören, den Lahmen tanzen zu sehn ist peinlich; aber den beschränkten Kopf philosophierend zu vernehmen ist unerträglich. Um nun den Mangel an wirklichen Gedanken zu verbergen, machen manche sich einen imponierenden Apparat von langen, zusammengesetzten Worten, intrikaten Floskeln, unabsehbaren Perioden, neuen und unerhörten Ausdrücken, welches alles zusammen dann einen möglichst schwierigen und gelehrt klingenden Jargon abgibt. Jedoch sagen sie mit dem allen – nichts: man empfängt keine Gedanken, fühlt seine Einsicht nicht vermehrt, sondern muß aufseufzen: »Das Klappern der Mühle höre ich wohl, aber das Mehl sehe ich nicht« – oder auch, man sieht nur zu deutlich, welche dürftige, gemeine, platte und rohe Ansichten hinter dem hochtrabenden Bombast stecken. O daß man solchen Spaßphilosophen einen Begriff beibringen könnte von dem wahren und furchtbaren Ernst, mit welchem das Problem des Daseins den Denker ergreift und sein Innerstes erschüttert! Da würden sie keine Spaßphilosophen mehr sein können, nicht mehr mit Gelassenheit müßige Flausen aushecken vom absoluten Gedanken oder vom Widerspruch, der in allen Grundbegriffen stecken soll, noch mit beneidenswertem Genügen sich an hohlen Nüssen letzen, wie »die Welt ist das Dasein des Unendlichen im Endlichen« und »der Geist ist der Reflex des Unendlichen im Endlichen« usw. Es wäre schlimm für sie; denn sie wollen nun einmal Philosophen sein und ganz originelle Denker. Nun aber ist, daß ein gewöhnlicher Kopf ungewöhnliche Gedanken haben sollte, gerade so wahrscheinlich, wie daß eine Eiche Aprikosen trüge …

Was die Schreiberei unserer Philosophaster so überaus gedankenarm und dadurch marternd langweilig macht, ist zwar im letzten Grunde die Armut ihres Geistes, zunächst aber dieses, daß ihr Vortrag sich durchgängig in höchst abstrakten, allgemeinen und überaus weiten Begriffen bewegt, daher auch meistens nur in unbestimmten, schwankenden, verblasenen Ausdrücken einherschreitet. Zu diesem aerobatischen [seiltänzerischen] Gange sind sie aber genötigt, weil sie sich hüten müssen, die Erde zu berühren, wo sie, auf das Reale, Bestimmte, Einzelne und Klare stoßend, lauter gefährliche Klippen antreffen würden, an denen ihre Wortdreimaster scheitern könnten. Denn statt Sinne und Verstand fest und unverwandt zu richten auf die anschaulich vorliegende Welt, auf das eigentlich und wahrhaft Gegebene, das Unverfälschte und an sich selbst dem Irrtum nicht Ausgesetzte, durch welches hindurch wir daher in das Wesen der Dinge einzudringen haben – kennen sie nichts als nur die höchste Abstraktionen wie Sein, Wesen, Werden, Absolutes, Unendliches usf., gehen schon von diesen aus und bauen daraus Systeme, deren Gehalt zuletzt auf bloße Worte hinausläuft, die also eigentlich nur Seifenblasen sind, eine Weile damit zu spielen, jedoch den Boden der Realität nicht berühren können, ohne zu platzen.

Zu fast jeder Zeit ist, wie in der Kunst, so auch in der Literatur, irgendeine falsche Grundansicht oder Weise oder Manier im Schwange und wird bewundert. Die gemeinen Köpfe sind eifrig bemüht, solche sich anzueignen und sie zu üben. Der Einsichtige erkennt und verschmäht sie: er bleibt außer der Mode. Aber nach einigen Jahren kommt auch das Publikum dahinter und erkennt die Faxe für das, was sie ist, verlacht sie jetzt, und die bewunderte Schminke aller jener manierierten Werke fällt ab wie eine schlechte Gipsverzierung von der damit bekleideten Mauer: und wie diese stehn sie alsdann da. Nicht ärgern also, sondern freuen soll man sich, wenn irgendeine schon lange im stillen wirkende falsche Grundansicht einmal entschieden, laut und deutlich ausgesprochen wird: denn nunmehr wird das Falsche derselben bald gefühlt, erkannt und endlich ebenfalls ausgesprochen werden. Es ist damit, wie wenn ein Abszeß aufgeht…

Um über den Wert der Geistesprodukte eines Schriftstellers eine vorläufige Schätzung anzustellen, ist es nicht gerade notwendig zu wissen, *worüber* oder *was* er gedacht habe; dazu wäre erfordert, daß man alle seine Werke durchläse – sondern zunächst ist hinreichend, zu wissen, *wie* er gedacht habe. Von diesem *Wie* des Denkens nun, von dieser wesentlichen Beschaffenheit und durchgängigen *Qualität* desselben, ist ein genauer Abdruck sein *Stil*. Dieser zeigt nämlich die *formelle* Beschaffenheit aller Gedanken eines Menschen, welche sich stets gleichbleiben muß; *was* und *worüber* er auch denken möge. Man hat daran gleichsam den Teig, aus dem er alle seine Gestalten knetet, so verschieden sie auch sein mögen. Wie daher Eulenspiegel dem Fragenden, wie lange er bis zum nächsten Orte noch zu gehn habe, die scheinbar ungereimte Antwort gab »Gehe!«, in der Absicht, erst aus seinem Gange zu ermessen, wie weit er, in einer gegebenen Zeit, kommen würde; so lese ich aus einem Autor ein paar Seiten und weiß dann schon ungefähr, wie weit er mich fördern kann.

Im stillen Bewußtsein dieses Bewandtnisses der Sache sucht jeder Mediokre seinen ihm eigenen und natürlichen Stil zu maskieren. Dies nötigt ihn zunächst, auf alle *Naivität* zu verzichten; wodurch diese das Vorrecht der überlegenen und sich selbst fühlenden, daher mit Sicherheit auftretenden Geister bleibt. Jene Alltagsköpfe nämlich können schlechterdings sich nicht entschließen, zu schreiben, wie sie denken; weil ihnen ahndet, daß alsdann das Ding ein gar einfältiges Ansehn erhalten könnte. Es wäre aber immer doch etwas. Wenn sie also nur ehrlich zu Werke gehn und das Wenige und Gewöhnliche, was sie wirklich gedacht haben, so wie sie es gedacht haben, einfach mitteilen wollten; so würden sie lesbar und sogar, in der ihnen angemessenen Sphäre, belehrend sein. Allein statt dessen streben sie nach dem Schein, viel mehr und tiefer gedacht zu haben, als der Fall ist. Sie bringen demnach, was sie zu sagen haben, in gezwungenen, schwierigen Wendungen, neu geschaffenen Wörtern und weitläufigen, um den Gedanken herumgehenden und ihn verhüllenden Perioden vor. Sie schwanken zwischen dem Bestreben, denselben mitzuteilen, und dem, ihn zu verstecken. Sie möchten ihn so aufstutzen, daß er ein gelehrtes oder tiefsinniges Ansehn erhielte, damit man denke, es stecke viel mehr dahinter, als man zur Zeit gewahr wird. Demnach werfen sie ihn bald stückweise hin, in kurzen, vieldeutigen und paradoxen Aussprüchen, die viel mehr anzudeuten scheinen, als sie besagen (herrliche Beispiele dieser Art liefern Schellings naturphilosophische Schriften); bald wieder bringen sie ihren Gedanken unter einem Schwall von Worten vor, mit der unerträglichsten Weitschweifigkeit, als brauchte es wunder welche Anstalten, den tiefen Sinn desselben verständlich zu machen – während es ein ganz simpler Einfall, wo nicht gar eine Trivialität ist (Fichte, in seinen populären Schriften, und hundert elende nicht nennenswerte Strohköpfe, in ihren philosophischen Lehrbüchern, liefern Beispiele in Fülle); oder aber sie befleißigen sich irgendeiner beliebig angenommenen, vornehm sein sollenden Schreibart, z.B. so recht κατ'εξοχην [schlechthin] gründlichen und wissenschaftlichen, wo man dann von der narkotischen Wirkung lang gesponnener, gedankenleerer Perioden zu Tode gemartert wird (Beispiele hievon geben besonders jene unverschämtesten aller Sterblichen, die Hegelianer, in der Hegelzeitung, vulgo Jahrbücher der wissenschaftlichen Literatur); oder gar sie haben es auf eine geistreiche Schreibart abgesehn, wo sie dann verrückt werden zu wollen scheinen... Alle solche Bemühungen, durch welche sie das nascetur ridiculus mus [Es wird eine lächerliche Maus geboren] hinauszuschieben suchen, machen es oft schwer, aus ihren Sachen herauszubringen, was sie denn eigentlich wollen. Zudem aber schreiben sie auch Worte, ja, ganze Perioden hin, bei denen sie selbst nichts denken, jedoch hoffen, daß ein anderer etwas dabei denken werde. Allen solchen Anstrengungen liegt nichts anderes zugrunde als das unermüdliche, stets auf neuen Wegen sich versuchende Bestreben, Worte für Gedanken zu verkaufen und mittels neuer oder in neuem Sinne gebrauchter Ausdrücke, Wendungen und Zusammensetzungen jeder Art den Schein des Geistes hervorzubringen, um den so schmerzlich gefühlten Mangel desselben zu ersetzen. Belustigend ist es, zu sehn, wie zu diesem Zwecke bald diese, bald jene Manier versucht wird, um sie als eine den Geist vorstellende Maske vorzunehmen, welche dann auch wohl auf eine Weile die Unerfahrenen täuscht, bis auch sie eben als tote Maske erkannt, verlacht und dann gegen eine andere vertauscht wird. Da sieht man die Schriftsteller bald dithyrambisch, wie besoffen, und bald, ja schon auf der nächsten Seite, hochtrabend, ernst, gründlich-gelehrt bis zur schwerfälligsten, kleinkauendsten Weitschweifigkeit, gleich der des weiland Christian Wolff, wiewohl im modernen Gewande. Am längsten aber hält die Maske der Unverständlichkeit vor, jedoch nur in Deutschland, als wo sie, von *Fichte* eingeführt, von *Schelling* vervollkommnet, endlich in *Hegel* ihren höchsten Klimax erreicht hat: stets mit glücklichstem Erfolge. Und doch ist nichts leichter, als so zu schreiben, daß kein Mensch es versteht; wie hingegen nichts schwerer, als bedeutende Gedanken so auszudrücken, daß jeder sie verstehn muß …

Der Stil ist die Physiognomie des Geistes. Sie ist untrüglicher als die des Leibes. Fremden Stil nachahmen heißt eine

Maske tragen. Wäre diese auch noch so schön, so wird sie, durch das Leblose, bald insipid und unerträglich; so daß selbst das häßlichste lebendige Gesicht besser ist. Darum gleichen denn auch die lateinisch schreibenden Schriftsteller, welche den Stil der Alten nachahmen, doch eigentlich den Masken: man hört nämlich wohl, was sie sagen; aber man sieht nicht auch dazu ihre Physiognomie, den Stil. Wohl aber sieht man auch diese in den lateinischen Schriften der *Selbstdenker*, als welche sich zu jener Nachahmung nicht bequemt haben, wie z. B. Scotus Erigena, Petrarca, Baco, Cartesius, Spinoza, Hobbes u. a. m.

Affektation im Stil ist dem Gesichterschneiden zu vergleichen. – Die Sprache, in welcher man schreibt, ist die Nationalphysiognomie: sie stellt große Unterschiede fest – von der griechischen bis zur karibischen. – – –

Stilfehler soll man in fremden Schriften entdecken, um sie in den eigenen zu vermeiden.

Die schönen Künste durch *Geldbelohnungen*, Preisverteilungen, Akademien, Gesellschaften der Kunstfreunde, welche Stümpereien kaufen und verspielen, und dergleichen mehr aufmuntern zu wollen ist ganz zweckwidrig und gereicht der Kunst zum Nachteil. *Denn dadurch muntert man die auf, welche nicht die Kunst, sondern das Geld lieben*, und ruft sonach zahllose Machwerke der Unberufenen ins Dasein, deren unübersehbare Menge dem echten Talent das Bekanntwerden erschwert, zumal da jene Geld-Künstler sich auf Mittel und Ränke verstehn, zu denen der Mann von Talent nicht geeignet ist.

Wer mit einem Talent geboren ist, findet sein Glück in

diesem und bedarf keiner andern Belohnung; und er wird sich leichter gegen den Mangel schützen können als gegen das Heer unberufener Mitbewerber, welche vom Glanz des Goldes wie Maden von der Sonne ausgebrütet werden; wozu noch kommt, daß Midas stets geneigt ist, dem Marsyas den Lorbeer zu reichen.

Ein Haupthindernis der *Fortschritte* des Menschengeschlechts ist, daß die Leute nicht auf die hören, welche am gescheitesten, sondern auf die, welche am lautesten reden …

Notizen in eigener Sache

Ich habe also den Kummer gehabt, meine Werke vernachlässigt zu sehen, während man das falsche Verdienst anpries. Jedoch kenne ich die Gründe, das materielle Interesse spielt herein: die Absichten der deutschen Regierungen, deren Kreaturen unsere armen Professoren sind und die das wankende und seinem unvermeidlichen Sturz ganz nahe Christentum wieder aufrichten möchten durch die Philosophie (wozu die meine sich nicht eignet, im Gegenteil!) – das ist's, was sich mit der Kleinheit der Geister, dem Neid, dem natürlichen Haß der Mittelmäßigkeit gegen das, was nicht mittelmäßig ist, verbindet: Man hat sich bestrebt, mich zu ignorieren, und ist sich einig, mich zu ersticken. Unser berühmter Jean Paul hat das Lob meiner Philosophie in seinem letzten Werk gesungen, Goethe hat in seinen Lebenserinnerungen mit Hochachtung von mir gesprochen, ich habe die Huldigungen einiger Unbekannter erlebt: – aber das alles genügt nicht. *Es braucht die Zeit, aber sie wird alles vollenden:* die Ungerechtigkeit selbst führt zu ihrem Gegenteil, nachdem bereits die Plagiatoren meine Werke zu plündern beginnen, was das ernsthafteste Lob für sie ist: ich habe eben einen öffentlich gezüchtigt und das verdächtige Lob des andern ausgesprochen. Mein philosophisches System, 1819 veröffentlicht, und meine Farbentheorie, deutsch 1816 veröffentlicht und 1830 lateinisch wiederholt, das ist die Mitte meines Lebens, mein einziger Gegenstand: ich will mich anerkannt sehen, und vor allem will ich die 2. Auflage meiner Philosophie sehen, um ihr die Ergebnisse meines Nachdenkens seit 18 Jahren einzuverleiben; wenn das geschehen ist, bin ich bereit abzugehen. Nach einem Stillschweigen von 18 Jahren habe ich ... ein kleines Werk zur Bestätigung meiner Philosophie veröffentlicht. Oh, der Weg des wahren Verdienstes ist lang und schwierig! die Dichter und die Musiker haben leichtes Spiel: sie haben mit dem großen Publikum zu tun, das unterhalten sein will; wir aber mit dem, das belehrt sein will: wo ist es? – wir sind beschränkt auf ein Publikum von Sachkennern und verfechten unsere Sache vor einem Tribunal, dessen Richter bestechlich und selbst bedroht sind. Die Ungerechtigkeit, die man gegen mich übt, wird eines Tages als eine der augenfälligsten genannt werden. – Indessen bin ich glücklicher als die meisten meinesgleichen, die gegen die Not zu kämpfen haben: mit dem Notwendigen versehen, zurückhaltend und sparsam, bin ich immer erhobenen Hauptes gegangen und habe mich nicht dazu verstanden, mit dem »Mittelmäßigen und Kriecherischen« gemeine Sache zu machen, um eine Stelle zu erlangen. Ich würde sogar bequem leben, obgleich ich nicht glaube, jemals viel mehr besessen zu haben als ¼ dessen, was mein Vater hinterlassen hat: aber unglücklicherweise habe ich einen Fehler begangen, indem ich 1826 eine beträchtliche Summe in Mexikanischen Fonds angelegt habe: ein Freund hatte es mir in den Kopf gesetzt, ich holte noch den Rat von Alexander von Humboldt und von Goldschmid Söhne in London ein, deren Vater es getan hatte und sich durch diese Anleihe ruiniert hat ...

Mein vermindertes Einkommen genügt noch für ein Leben als Junggeselle, in möbliertem Zimmer, mit Essen an der Table d'hôte, alles ohne Luxus, aber anständig, ich habe das Notwendige und nichts weiter und danke dem Schicksal, daß ich weder Frau noch Kinder habe: zwei uneheliche Kinder, die ich hatte, sind jung gestorben. Wenn eine neue Konvertierung kommt, werde ich den Rest in Leibrenten anlegen. Ich bin zweimal in Italien gewesen, 1819 und 1823, jedesmal fast ein Jahr. 1820 hat man mich an der Universität Berlin habilitiert, als eine Art Honorarprofessor, der nicht durch die Regierung, sondern durch die Studenten bezahlt wird. Danach wird man Professor. Aber ich habe nur in den ersten sechs Monaten gelesen, 1820, und dann habe ich mein Amt nur der Form nach versehen. Gleichwohl bin ich in Berlin von 1820 bis 1831 geblieben, ausgenommen 3 Jahre der Abwesenheit und des Reisens. Meine Studien haben immer meine Zeit verschlungen, das Lehramt verbraucht zuviel davon, und ich sah wohl, daß ich nicht das war, was die Regierung braucht, da ich nicht dazu geschaffen war, ihr Instrument zu sein. Mein Leben ist ein fortgesetztes Studium gewesen, das sein eigener Lohn ist, und ich schätze mich glücklich, daß ich mein ganzes Leben lang dieser Anlage folgen konnte, dieser Art von Instinkt, die mich an die Gegenstände bringt, für die ich gemacht bin, und daß ich immer Herr meiner Zeit gewesen bin. Wenn ich Reichtümer angesammelt hätte, würden sie mich nicht vor den Leiden des Alters schützen; aber ich habe Kenntnisse gesammelt und das Interesse für die großen Wahrheiten gewonnen, für die Philosophie, für meine Werke, und das was dazu gehört, ist das Wesen meines Daseins geworden. Das ist es, was mir Sicherheit vor der Langeweile des

Alters gibt, es wird lange dauern, selbst bis ans Ende: ich kenne keine Langeweile und bin unabhängig von den Menschen, in jeder Hinsicht. 1831 vertrieb mich die Cholera aus Berlin: ich flüchtete hierher. Ich hatte seit 10 Jahren eine geheime Liaison mit einem Mädchen, das ich sehr liebte: seit Jahren hatte sie versprochen mir zu folgen, wenn ich Berlin verlassen sollte, was ich immer in Aussicht genommen hatte: der Augenblick kam plötzlich, und sie hielt ihr Versprechen nicht: zweifellos hatte sie einige familiäre Verpflichtungen, aber sie mußte nichts versprechen. Das hat mir viel Kummer gemacht: aber die Zeit hat allmählich ihre Wirkung getan. Gleichwohl war sie das einzige Wesen, das mir wahrhaft verbunden war; die Umstände haben sie bezwungen.

Ich bin also hier seit mehr als 5 Jahren, von denen ich das zweite in Mannheim verbrachte, im Glauben, es dort besser zu haben, dann kehrte ich hierher zurück. Der Aufenthalt hier gefällt mir einstweilen: das Klima ist das schönste und gesündeste von Deutschland, beinahe auch so mild wie das von Paris, die Umgebung ist reizvoll, und ich bin ein großer Wanderer, man lebt hier viel besser und billiger als in Berlin, vor allem sind die Hotels und ihre Mittagstische die besten von ganz Europa, die niedrige und die mittlere Klasse der Einwohner ist von einer seltenen Rechtschaffenheit, es gibt ein gutes Theater: endlich, was das leibliche Wohlbefinden, die Bequemlichkeiten angeht, ist es der beste Ort von Deutschland: und was die Menschen angeht, die Gesellschaft, die, glaube ich, hier noch dümmer ist als anderswo – ich lasse mich nicht stören, da ich seit langem vom Verkehr mit den Menschen angeekelt bin und weiß, daß sie nicht der Mühe wert sind, meine Zeit mit ihnen zu verlieren: sie bilden überall, von außen betrachtet, ein Kabinett von Karikaturen, dem Geiste nach ein Hospital von Narren und dem moralischen Charakter nach ein Kabarett von Spitzbuben. Die Ausnahmen sind sehr selten, und jede hat sich in ein Eckchen von Zufluchtsort zurückgezogen. Ich lebe also einsam, mit einem weißen Pudel, einem guten und sehr klugen Tier, mit meiner Bibliothek, die ich kommen ließ, und ich bin fern jeder Langeweile, weil die Zeit davonrast.

Ich spiele noch meine Flöte wie einst: ich spreche Französisch noch mit der gleichen Leichtigkeit und dem gleichen Akzent wie ehedem (obwohl ich jetzt sieben Sprachen verstehe und spreche, die dazu neigen, sich zu vermengen), aber zum Schreiben fehlt mir die Übung: nur das Deutsche und das Lateinische schreibe ich korrekt. – Das ist also mein Rechenschaftsbericht: es hat mir Vergnügen gemacht, viel von mir selbst zu reden …

PS: Es ist nicht meine Schwester, sondern meine Mutter, die die Romane schreibt, sie ist sehr berühmt geworden und hat zwei Auflagen ihrer gesammelten Werke in 24 Bänden erlebt. Sie ist eine gute Romanschreiberin, aber eine sehr schlechte Mutter. Ich habe sie seit 1814 nicht gesehen. Sie lebt in Bonn mit meiner nicht verheirateten Schwester.

Die Natur hat ein übriges getan, mein Herz zu isolieren, indem sie es mit Argwohn, Reizbarkeit, Heftigkeit und Stolz in einem mit der *mens aequa* des Philosophen fast unvereinbaren Maße bedachte. Vom Vater angeerbt ist mir die von mir selbst verwünschte und … mit dem ganzen Aufwande meiner Willenskraft bekämpfte Angst, die mich zuweilen bei den geringfügigsten Anlässen mit solcher Gewalt überfällt, daß ich bloß mögliches, ja kaum denkbares Unglück leibhaftig vor mir sehe. Eine furchtbare Phantasie steigert diese Anlage manchmal ins Unglaubliche. Schon als sechsjähriges Kind fanden mich die vom Spaziergange heimkehrenden Eltern eines Abends in der vollsten Verzweiflung, weil ich mich plötzlich von ihnen für immer verlassen wähnte. Als Jüngling quälten mich eingebildete Krankheiten und Streithändel. Während ich in Berlin studierte, hielt ich mich eine Zeitlang für auszehrend. Beim Ausbruch des Krieges 1813 verfolgte mich die Furcht, zum Kriegsdienste gepreßt zu werden. Aus Neapel vertrieb mich die Angst vor den Blattern, aus Berlin die Cholera. In Verona ergriff mich die fixe Idee, vergifteten Schnupftabak genommen zu haben. Als ich [im Juli 1833] im Begriffe war, Mannheim zu verlassen, überkam mich ohne alle äußere Veranlassung ein unsägliches Angstgefühl. Jahrelang verfolgte mich die Furcht vor einem Kriminalprozesse wegen der... Berliner Affaire, vor dem Verluste meines Vermögens und vor der Anfechtung der Erbteilung meiner Mutter gegenüber. Entstand in der Nacht Lärm, so fuhr ich aus dem Bette auf und griff nach Degen und Pistolen, die ich beständig geladen hatte. Auch wenn keine besondere Erregung eintritt, trage ich eine fortwährende innere Sorglichkeit in mir, die mich Gefahren sehen und suchen läßt, wo keine sind. Sie vergrößert mir die kleinste Widerwärtigkeit ins Unendliche und erschwert mir vollends den Verkehr mit den Menschen.

Ich bin der *Kaspar Hauser* der *Philosophieprofessoren*: sie haben mich von Luft und Licht abgesperrt; – damit meine angeborenen Ansprüche nicht zu Geltung kämen.

Schon in früher Jugend habe ich an mir bemerkt, daß, während ich alle andern nach äußern Gütern streben sah, ich mich nicht darauf zu richten habe, weil ich einen Schatz in mir trage, der unendlich mehr Wert hat als alle äußern Güter, und daß es nur darauf ankommt, diesen Schatz zu heben, wozu geistige Ausbildung und volle Muße, mithin Unabhängigkeit die ersten Bedingungen sind. Das Bewußtsein hiervon, im Anfang dunkel und dumpf, wurde mir mit jedem Jahre deutlicher und war alle Zeit hinreichend, mich vorsichtig und ökonomisch zu machen, nämlich meine Sorgfalt auf die Erhaltung meiner selbst und meiner Freiheit zu richten, nicht auf irgendein äußeres Gut. Der Natur und dem Rechte des Menschen entgegen habe ich meine Kräfte dem Dienste meiner Person und der Förderung meines Wohlseins entziehn müssen, um sie dem Dienste der Menschheit zu schenken. Mein Intellekt hat nicht mir, sondern der Welt angehört. Die Empfindung dieses Ausnahmezustandes und der durch ihn herbeigeführten schweren Aufgabe, *zu leben, ohne meine Kräfte für mich selbst zu verwenden*, hat mich stets gedrückt und noch besorglicher und ängstlicher gemacht, als ich schon von Natur gewesen bin; aber ich habe es durchgeführt, die Aufgabe gelöst, meine Mission vollbracht. Aus diesem Grunde bin ich auch berechtigt gewesen, sorgfältig darauf zu wachen, daß mir die Stütze meines väterlichen Erbteils, die mich so lange hat tragen müssen und ohne welche die Welt nichts von mir gehabt hätte, auch im Alter bleibe. Kein Amt in der Welt, keine Minister- oder Gouverneurstelle hätte mich entschädigen können für meine freie Muße, wie sie mir von Haus aus oktroyiert worden ist.

Mein Leben ist ein heroisches, das nicht mit dem Philistermaß oder der Krämerelle zu messen ist, noch überhaupt nach dem Maßstab, welcher für das der gewöhnlichen Menschen gehört, die kein anderes Dasein haben als das des auf die kurze Spanne Zeit beschränkten Individuums; ich darf mich also nicht dadurch betrüben, daß ich bedenke, wie mir abgeht, was zu einem regelmäßigen Lebenslaufe des Individuums gehört, Amt, Haus, Hof, Weib und Kind. Ihr Dasein geht in dergleichen auf; mein Leben aber ist ein intellektuelles, dessen ungehinderter Fortgang und ungestörte Wirksamkeit in den wenigen Jahren der vollen Geisteskraft und ihrer freien Anwendung Früchte tragen muß, Jahrhunderte der Menschheit zu bereichern. Für dieses intellektuelle Leben ist mein persönliches bloß die Basis, die *conditio sine qua non*, also etwas ganz Untergeordnetes. Je schmaler diese Basis, desto sicherer; wenn sie leistet, was sie in bezug auf mein intellektuelles Leben soll, so ist ihr Zweck erreicht. Der Instinkt, welcher dem beigegeben ist, dessen Dasein intellektuelle Zwecke hat, ist auch mir ein sicherer Führer gewesen, so daß ich die persönlichen Zwecke außer acht gelassen und alles auf mein geistiges Dasein bezogen habe.

Die Wichtigkeit des intellektuellen unsterblichen Menschen in mir ist so unendlich groß gewesen gegen die des Individuums, daß ich, wenn auch noch so viele persönliche Sorgen auf mir gelastet, sie sogleich habe fahren- und verschwinden lassen, sobald ein philosophischer Gedanke sich regte: denn ein solcher ist mir immer voller Ernst gewesen und alles andere dagegen Spaß. Das ist der Adels- und Freibrief der Natur. Das Glück der gewöhnlichen Menschen besteht in der

Abwechslung zwischen Arbeit und Genuß: bei mir dagegen sind beide eines. Deshalb ist das Leben von Menschen meiner Art notwendig ein Monodrama [Einpersonenstück]. Missionare der Wahrheit an das Menschengeschlecht, wie ich, werden, nachdem sie sich begriffen, mit den Menschen sich außer ihrer Mission so wenig gemein machen, als die Missionare in China mit den Chinesen fraternisieren. Einem Menschen wie mir ist, besonders solange ich jung bin, in allen Lebensverhältnissen beständig zu Mute wie einem, der in Kleidern steckt, die ihm nicht passen.

Bei Anwandlungen von Unzufriedenheit bedenke ich stets, was es heißt, daß ein Mensch, wie ich, sein ganzes Leben der Ausbildung seiner Anlagen und seinem angeborenen Berufe leben kann und wie viele Tausende gegen eins waren, daß das nicht anging und ich sehr unglücklich geworden wäre. Wenn ich zuzeiten mich unglücklich gefühlt, so ist dies mehr nur vermöge einer *méprise*, eines Irrtums in der Person geschehen; ich habe mich dann für einen andern gehalten, als ich bin, und nun dessen Jammer beklagt: z.B. für einen Privatdozenten, der nicht Professor wird und keine Zuhörer hat, oder für einen, von dem dieser Philister schlecht redet und jene Kaffeeschwester klatscht, oder für den Beklagten in jenem Injurienprozesse, oder für den Liebhaber, den jenes Mädchen, auf das er kapriziert ist, nicht erhören will, oder für den Patienten, den seine Krankheit zu Hause hält, oder für andere ähnliche Personen, die an ähnlichen Miseren laborieren: das alles bin ich nicht gewesen, das alles ist fremder Stoff, aus dem höchstens der Rock gemacht gewesen ist, den ich eine Weile getragen und dann gegen einen andern abgelegt habe. Wer aber bin ich denn? Der, welcher die Welt als Wille und Vorstellung geschrieben und vom großen Problem des Daseins eine Lösung gegeben, welche vielleicht die bisherigen antiquieren [veralten lassen], jedenfalls aber die Denker der kommenden Jahrhunderte beschäftigen wird. Der bin ich, und was könnte den anfechten in den Jahren, die er noch zu atmen hat?

Sobald ich zu denken angefangen, habe ich mich mit der Welt entzweit gefunden. Im Jünglingsalter ist mir dabei oft bange geworden; denn ich habe gemutmaßt, daß das Recht bei der Majorität sein werde. Helvetius hat mich zuerst aufgerichtet. Dann, nach jedem neuen Konflikt, hat die Welt mehr verloren und ich mehr gewonnen. Schon nach zurückgelegtem vierzigsten Jahre hat es mir geschienen, daß ich den Prozeß in letzter Instanz gewonnen habe, und ich habe mich höher gestellt gefunden, als ich je zu mutmaßen gewagt: aber die Welt ist mir leer und öde geworden. Mein ganzes Leben hindurch habe ich mich schrecklich einsam gefühlt und stets aus tiefer Brust geseufzt: »Jetzt gib mir einen Menschen!« Vergebens. Ich bin einsam geblieben. Aber ich kann aufrichtig sagen, es hat nicht an mir gelegen: ich habe keinen von mir gestoßen, keinen geflohen, der an Geist und Herz ein Mensch gewesen ist: nichts als elende Wichte, von beschränktem Kopf, schlechtem Herzen, niedrigem Sinn habe ich gefunden; Goethe, Fernow, allenfalls F. A. Wolf und wenige andere ausgenommen, die sämtlich fünfundzwanzig bis vierzig Jahre älter als ich gewesen sind. Demnach hat allmählich der Unwille über einzelne der ruhigen Verachtung des Ganzen Platz machen müssen. Früh ist mir der Unterschied zwischen mir und den Menschen bewußt geworden; aber ich habe gedacht: lerne nur erst hundert kennen, und du wirst deinen Mann schon finden; dann: aber unter tausend wirst du's; dann: zuletzt muß er doch kommen, wenn auch nur unter vielen Tausenden. Endlich bin ich zu der Einsicht gelangt, daß die Natur noch unendlich karger ist und ich die *»solitude of Kings«* [Einsamkeit der Könige] (Byron) mit Würde und Geduld ertragen muß.

Zwar sagt Goethe, daß das Gespräch noch erquicklicher sei als das Licht; aber dennoch ist es besser, gar nichts zu sprechen, als ein so karges ledernes Gespräch zu führen wie das gewöhnliche mit den *bipedes* [Zweifüßern], bei dem drei Viertel von dem, was einem zu sagen einfällt, nicht gesagt werden dürfen, aus ebenso albernen als notwendigen Rücksichten, und die Unterhaltung in der Tat nichts anderes ist als ein qualvolles Seiltanzen auf der schmalen Linie des zu sagen ohne Gefahr Vergönnten. In der Regel hinterläßt jedes Gespräch – das mit dem Freunde oder der Geliebten ausgenommen – einen unangenehmen Nachgeschmack, eine leise Störung des innern Friedens. Dagegen hinterläßt jede Selbstbeschäftigung des Geistes einen wohltuenden Nachklang. Unterhalte ich mich mit den Menschen, so empfange ich ihre Meinungen, die meistens falsch, flach oder erlogen sind und in der armseligen Sprache ihres Geistes. Unterhalte ich mich mit der Natur, so gibt sie, wahr und unverstellt, das ganze Wesen jedes Dinges, davon sie redet, anschaulich, unerschöpflich und redet mit mir die Sprache meines Geistes.

In meinem 17. Jahre, ohne alle gelehrte Schulbildung, wurde ich vom *Jammer des Lebens* so ergriffen wie Buddha in seiner Jugend, als er Krankheit, Alter, Schmerz und Tod erblickte. Die Wahrheit, welche laut und deutlich aus der Welt sprach, überwand bald die auch mir eingeprägten jüdischen Dogmen, und mein Resultat war, daß diese Welt kein Werk eines allgütigen Wesens sein könnte, wohl aber das eines Teufels, der Geschöpfe ins Dasein gerufen, um am Anblick ihrer Qual sich zu weiden; darauf deuteten die Data, und der Glaube, daß es so sei, gewann die Oberhand ...

Man hat geschrien über das Melancholische und Trostlose meiner Philosophie. Es liegt jedoch bloß darin, daß ich, statt als Äquivalent der Sünden eine künftige Hölle zu fabeln, nachwies, daß, wo die Schuld liegt, in der Welt auch schon etwas Höllenartiges sei. Wer aber dieses leugnen wollte – kann es leicht einmal erfahren.

Als den eigentümlichen Charakter meines Philosophierens darf ich anführen, daß ich überall den Dingen auf den Grund zu kommen suche, indem ich nicht ablasse, sie bis auf das letzte, real Gegebene zu verfolgen. Dies geschieht vermöge eines natürlichen Hanges, der es mir fast unmöglich macht, mich bei irgend noch allgemeiner und abstrakter, daher noch unbestimmter Erkenntnis, bei bloßen Begriffen, geschweige bei Worten zu beruhigen, sondern mich weiter treibt, bis ich die letzte Grundlage aller Begriffe und Sätze, die allemal anschaulich ist, nackt vor mir habe, welche ich dann entweder als Urphänomen stehenlassen muß, womöglich aber sie noch in ihre Elemente auflöse, jedenfalls das Wesen der

Sache bis aufs äußerste verfolgend. Dieserwegen wird man einst (natürlich nicht, solange ich lebe) erkennen, daß die Behandlung desselben Gegenstandes von irgendeinem früheren Philosophen, gegen die meinige gehalten, flach erscheint. Daher hat die Menschheit manches, was sie nie vergessen wird, von mir gelernt und werden meine Schriften nicht untergehn. –

Von einem *Willen* läßt auch der Theismus die Welt ausgehn, von einem Willen die Planeten in ihren Bahnen geleitet und eine Natur auf ihrer Oberfläche hervorgerufen werden; nur daß er, kindischerweise, diesen Willen nach außen verlegt und ihn erst mittelbar, nämlich unter Dazwischentretung der Erkenntnis und der Materie, nach menschlicher Art, auf die Dinge einwirken läßt; während bei mir der Wille nicht sowohl auf die Dinge, als in ihnen wirkt, ja sie selbst gar nichts anderes als eben seine Sichtbarkeit sind. Man sieht jedoch an dieser Übereinstimmung, daß wir alle das Ursprüngliche nicht anders denn als einen *Willen* zu denken vermögen. Der *Pantheismus* nennt den in den Dingen wirkenden Willen einen Gott, wovon ich die Absurdität oft und stark genug gerügt habe: ich nenne ihn den Willen zum Leben, weil dies das letzte Erkennbare an ihm ausspricht.

Dies nämliche Verhältnis der Mittelbarkeit zur Unmittelbarkeit tritt abermals in der Moral ein. Die Theisten wollen eine Ausgleichung zwischen dem, was einer tut, und dem, was er leidet: ich auch. Sie aber nehmen solche erst mittels der Zeit und eines Richters und Vergelters an; ich hingegen unmittelbar, indem ich im Täter und im Dulder dasselbe Wesen nachweise. Die moralischen Resultate des Christentums, bis zur höchsten Askese, findet man bei mir rationell und im Zusammenhange der Dinge begründet, während sie es im Christentum durch bloße Fabeln sind. Der Glaube an diese schwindet täglich mehr; daher wird man sich zu meiner Philosophie wenden müssen. Die Pantheisten können keine ernstlich gemeinte Moral haben – da bei ihnen alles göttlich und vortrefflich ist. –

Ich habe viel Tadel darüber erfahren, daß ich philosophierend, mithin theoretisch, das Leben als jammervoll und keineswegs wünschenswert dargestellt habe: doch aber wird, wer praktisch die entschiedenste Geringschätzung desselben an den Tag legt, gelobt, ja bewundert; und wer um Erhaltung desselben sorgsam bemüht ist, wird verachtet.

Wer einen großen Gedanken auffaßt, lebt im Augenblick der Konzeption desselben nicht nur *für* alle künftigen Geschlechter; sondern auch *mit* ihnen: er fühlt in jenem Augenblick den Zusammenhang seines Daseins mit ihnen, fühlt die Ausdehnung seines Daseins durch Jahrhunderte hindurch sich erstrecken: er lebt *mit* den Nachkommen, wie er *für* sie lebt. Sein Individuum und seine Zeitgenossen werden ihm dann unendlich klein …

Was mir im wirklichen Leben stets und überall im Wege gestanden hat, ist, daß ich bis in späteren Jahren nicht im Stande gewesen, mir einen ausreichenden Begriff von der Kleinlichkeit und Erbärmlichkeit des Menschen zu machen.

Schon mit dreißig Jahren war ich es herzlich müde, Wesen für meinesgleichen ansehn zu müssen, die es wahrhaftig nicht sind. Solange die Katze jung ist, spielt sie mit Papierkügelchen, weil sie solche für lebendig, für etwas ihr selbst Ähnliches hält; aber wenn sie älter geworden, weiß sie, was es ist, und läßt es liegen. So ist es mir mit den *bipedes* gegangen ... um von den Menschen geliebt zu sein, müßte man ihnen ähnlich sein; das aber hole der Teufel! Was sie zusammenbringt und zusammenhält, ist ihre Gemeinheit, Kleinheit, Plattheit, Geistesschwäche und Erbärmlichkeit ...

Das deutsche Vaterland hat an mir keinen *Patrioten* erzogen. –

Der hohe Genuß, den ich beim Lesen jedes großen Schriftstellers empfinde, beruht darauf, daß seine Gedanken mit den meinigen in *Einklang* stehn, und auf dem Gegenteil beruht mein Widerwille gegen schlechte und mediokre Schriftsteller, wie auch gegen die Konversation mit den meisten Menschen: denn ich kann nie lange mit ihnen reden, ohne daß die Diskrepanz der Ansichten an den Tag kommt ...

Bescheidenheit bei mittelmäßigen Fähigkeiten ist bloße Ehrlichkeit: bei großen Talenten ist sie Heuchelei. Darum ist diesen offen ausgesprochenes Selbstgefühl und unverhohlenes Bewußtsein ungewöhnlicher Kräfte gerade so wohlanständig als jenen ihre Bescheidenheit ...

Nur die *eigenen Gedanken* haben Wahrheit und Leben; denn nur die eigenen Gedanken versteht man ganz. Fremde, gelesene Gedanken sind geschissene Scheiße.

Wenn man so ein langes Leben in Unbedeutsamkeit und Geringschätzung zugebracht hat, da kommen sie am Schluß mit Pauken und Trompeten und meinen, es sei was.

[Ich darf hoffen] daß die Morgensonne meines Ruhmes mit ihren ersten Strahlen den Abend meines Lebens vergolden und ihm die Düsterkeit nehmen werde.

[Ich habe immer gehofft, leicht zu sterben]; denn wer sein Leben lang einsam gewesen ist, wird sich auf dieses solitäre Geschäft besser verstehen als andere. Statt unter den auf die ärmliche Kapazität der *bipedes* berechneten Alfanzereien werde ich im freudigen Bewußtsein endigen, dahin zurückzukehren, von wo ich so hoch begnadigt ausgegangen bin, und meine Mission vollbracht zu haben.

Anhang

Der Jammer des Lebens

Arthur Schopenhauer und der behagliche Pessimismus

Der Philosoph Arthur Schopenhauer (*22.2.1788 in Danzig, †21.9.1860 in Frankfurt am Main) hielt sich zeit seines Lebens an die von ihm selbst ausgegebene Devise »Bescheidenheit bei mittelmäßigen Fähigkeiten ist bloße Ehrlichkeit; bei großen Talenten ist sie große Heuchelei!« Er dachte nicht nur Großes von seiner eigenen Philosophie, sondern war sich auch im klaren darüber, wie sie, im Dienst einer höheren Evidenz, entstanden war. Die Grundzüge von Schopenhauers Weltsicht bildeten sich schon früh heraus. Im Jahre 1832 notierte der damals vierundvierzigjährige Philosoph in dem von ihm so genannten »Cholerabuch«, das er angeblich »auf der Flucht vor der Cholera« begonnen hatte (der sein Kollege Hegel, zu Schopenhauers stillem, aber diebischem Vergnügen, zum Opfer gefallen war): »In meinem 17ten Jahre, ohne alle gelehrte Schulbildung, wurde ich vom Jammer des Lebens so ergriffen wie Buddha in seiner Jugend, als er Krankheit, Alter, Schmerz und Tod erblickte. Die Wahrheit, welche laut und deutlich aus der Welt sprach, überwand bald die auch mir eingeprägten Dogmen, und mein Resultat war, daß diese Welt kein Werk eines allgütigen Wesens sein könnte, wohl aber das eines Teufels, der Geschöpfe ins Dasein gerufen, am Anblick ihrer Qual sich zu weiden … Allerdings spricht aus dem menschlichen Dasein die Bestimmung des Leidens; es ist tief ins Leiden eingesenkt, entgeht ihm nicht; sein Fortgang und Ausgang ist durchweg tragisch; eine gewisse Absichtlichkeit hierein ist nicht zu verkennen ..., weshalb meinem ganz einseitigen, aber so weit er sah: richtigen Blick in der Jugend, die Welt sich als ein Werk des Teufels darstellt.«

Die Ereignisse, die in Schopenhauers siebzehntem Lebensjahr auf ihn wirkten, waren Erlebnisse eines jungen Mannes in der Fremde. Heinrich Floris Schopenhauer, der Vater des angehenden Philosophen, ein redlicher, aus Danzig stammender Handelsmann, hatte seinen Sohn zu einer längeren Europareise überredet. Zum Dank dafür mußte Arthur versprechen, nach seiner Rückkehr mit einer kaufmännischen Lehre zu beginnen und damit den Herzenswunsch seines Vaters zu erfüllen. Arthur willigte ein; die Reise lockte ihn, und der Vater, dessen Integrität er bewunderte, war für ihn eine zu große Respektsperson, als daß er es auf Dauer gewagt hätte, sich seinen Plänen entscheidend zu widersetzen, obwohl die Hauptinteressen des jungen Schopenhauers damals schon mehr den Wissenschaften und der geheimen Melancholie der schönen Künste galten. Anfang Mai 1803 brach die Familie Schopenhauer auf; mit von der Partie war noch Arthurs Mutter. Die Reise, die im August 1804 endete, führte durch Holland, England, Frankreich, die Schweiz und Österreich. Arthur Schopenhauer hat seine Eindrücke von dieser Reise in eigenen Aufzeichnungen festgehalten, die später, sehr viel später, als er längst berühmt geworden und von der philosophischen Bühne schon wieder abgetreten war, unter dem Titel *Reisetagebücher* veröffentlicht wurden.

Die Reisenotizen des jungen Schopenhauer verraten noch

wenig von der Genialität und Stilsicherheit des späteren Philosophen. Berichtet wird von den bekannten Sehenswürdigkeiten, von fremdländischen Speise- und Kleidungsgewohnheiten oder gewissen Absonderlichkeiten, die dem jungen Mann, der sich ansonsten eher vornehm gelangweilt gibt, aufgefallen waren. Nur selten läßt er die Zurückhaltung des wohlerzogenen Sohnes aus gutbürgerlichem Hause fallen und gerät in Begeisterung – wie etwa bei einer Bergbesteigung im Berner Oberland oder beim Anblick des Montblanc-Massivs im Tal von Chamonix. Tief beeindruckt, ja betroffen gemacht hat Schopenhauer nur eine Begebenheit, die für ihn zum Schlüsselerlebnis wurde und die Grundzüge seiner pessimistischen Weltanschauung vorprägte: Mitte April 1804 hatte die Familie Schopenhauer von Marseille aus einen Ausflug nach Toulon unternommen und dort die Gelegenheit genutzt, den Hafen zu besichtigen; dabei sah Arthur zum ersten Mal in seinem Leben Galeerensklaven – ein Anblick, der ihn erschütterte. In seinen *Reisetagebüchern* schrieb er darüber: »Alle schweren Arbeiten im Arsenal werden durch die Galeerensklaven verrichtet, deren Anblick für Fremde sehr auffällig ist. Sie werden in drei Klassen aufgeteilt: Die erste machen diejenigen, die nur für leichte Verbrechen und kurze Zeit da sind, Deserteurs, Soldaten, die gegen die Subordination gefehlt haben, usw. … Die zweite Klasse besteht aus größeren Verbrechern: sie arbeiten zwei und zwei, mit schweren Ketten an den Füßen zusammengefesselt. Die dritte Klasse, die der schwersten Verbrecher, ist an die Bänke der Galeere geschmiedet, die sie gar nicht verläßt: diese beschäftigen sich mit solchen Arbeiten, die sie im Sitzen verrichten können. Das Los dieser Unglücklichen halte ich für bei weitem schrecklicher wie Todesstrafen. Die Galeeren, die ich von außen gesehen habe, scheinen der schmutzigste, ekelhafteste Aufenthalt, der sich denken läßt ... Das Lager der Sträflinge ist die Bank, an die sie gekettet sind. Ihre Nahrung bloß Wasser und Brot: ich begreife nicht, wie sie, ohne eine kräftigere Nahrung und von Kummer verzehrt, bei der starken Arbeit, nicht eher unterliegen; denn während ihrer Sklaverei werden sie ganz wie Lasttiere behandelt: Es ist schrecklich, wenn man es bedenkt, daß das Leben dieser Galeerensklaven, was viel sagen will, ganz freudenlos ist – und bei denen, deren Leiden auch nach fünfundzwanzig Jahren kein Ziel gesetzt ist, auch ganz hoffnungslos; läßt sich eine schrecklichere Empfindung denken wie die eines solchen Unglücklichen, während er an die Bank der finsteren Galeere geschmiedet wird, von der ihn nichts wie der Tod mehr trennen kann! – Manchem wird sein Leiden wohl noch durch die unzertrennliche Gesellschaft dessen erschwert, der mit ihm an eine Kette geschmiedet ist. Und wenn dann nun endlich der Zeitpunkt herangekommen ist, den er ... täglich mit verzweifelnden Seufzern herbeiwünschte: das Ende der Sklaverei, was soll er werden? – Er kommt in eine Welt zurück, für die er seit ... Jahren tot war; die Aussichten, die er vielleicht hatte, als er zehn Jahre jünger war, sind verschwunden: Keiner will den zu sich nehmen, der von der Galeere kommt ... Jahre Strafe haben ihn von dem Verbrechen des Augenblicks nicht reingewaschen. Er muss zum zweiten Mal ein Verbrecher werden und endet am Hochgericht.«

Nachdem man den Hafen von Toulon, die Galeeren und ihre unglücklichen Insassen bestaunt hatte, kehrte die Familie Schopenhauer nach Marseille zurück. Arthurs Reisetagebuch berichtet wieder von angenehmeren Dingen; er plaudert über eine Gemäldeausstellung, erörtert die Vorzüge mediterranen Klimas und räsoniert über die »Durchlässigkeit« des »südlichen Lichtes«. Die Erinnerung an die Galeerensklaven aber wirkte in dem angehenden Philosophen nach; er behielt sie als abrufbares Bild, das sich in der noch ungeordneten Welt seiner Gedanken bereithielt, um noch einmal von sich reden zu machen. Zunächst jedoch erfüllte er sein Versprechen: Er trat die Kaufmannslehre an, die sich, wie befürchtet, als Tortur erwies und seinen ohnehin schon ausgeprägten Hang zu düsteren Visionen und allumfassender Nörgelei noch verstärkte. Der plötzliche Tod des Vaters am 20. April 1805 tat ein übriges: Arthur, hin- und hergerissen zwischen heftiger Trauer und einer sich eher verschämt anbietenden Hoffnung, aus der verhaßten Lehre doch noch aussteigen zu können, wurde immer unzufriedener. Er gab sich als Querulant von hohen Graden, was im besonderen seine Mutter zu spüren bekam, der er vorwarf, schon immer ein leichtes und lockeres Leben auf Kosten seines Vaters geführt zu haben. Johanna Schopenhauer, eine selbstbewußte Frau, der die Künste der Ironie nicht fremd waren, ließ sich von ihrem Sohn nichts gefallen; sie löste das Schopenhauersche Kontor auf und zog mit der 1797 geborenen Tochter Adele nach Weimar. Arthur blieb zunächst allein in Hamburg zurück. Er legte seine Unzufriedenheit nun in die Briefe, die er nach Weimar sandte; schließlich hatte seine Mutter – die mittlerweile als Schriftstellerin von sich reden machte und einen bekannten

Salon führte, in dem auch Goethe sich gerne sehen ließ – ein Einsehen mit den unermüdlichen Klagen ihres Sohnes: Sie stellte es ihm frei, die Kaufmannslehre zu beenden und statt dessen, nach Abschluß seiner Schulausbildung, mit einem Studium zu beginnen.

Schopenhauer ließ sich das nicht zweimal sagen. Im Juni 1807 wurde er Schüler am Gymnasium in Gotha, und bereits zwei Jahre später immatrikulierte er sich an der Universität Göttingen. Am 22. Februar 1809, an seinem 21. Geburtstag, zahlte ihm seine Mutter den väterlichen Erbanteil in Höhe von 20 000 Reichstalern aus; hinzu kamen noch, wie es hieß, »Revenuen aus der Verwaltung eines Anteils an den Schopenhauerschen Ländereien« bei Danzig. Das ergab, über den Daumen gepeilt, einen Jahreszins von etwas mehr als 1000 Talern. Zum Vergleich: Goethe als ranghöchster Staatsbeamter Weimars hatte 1775 für ein Jahressalär von 1200 Talern seine Dienste am Hofe des Herzogs Karl August angetreten. Schopenhauer hatte also allen Grund, zufrieden zu sein. Er war es auch – vorübergehend. Den beglückenden Zustand, finanziell unabhängig zu sein, schätzte der Philosoph sein Leben lang. Er lobte den Vater, der ihm dieses ermöglicht hatte; für die Mutter allerdings fand er noch immer nur wenig schmeichelhafte Worte. Wenn der Student Arthur Schopenhauer nach Weimar kam und der Schriftstellerin Johanna Schopenhauer einen Besuch abstattete, gab es regelmäßig Streit. Johanna, als bekannte Autorin von vielen bewundert, war inzwischen noch selbstbewußter geworden: Sie wies den Sohn an, sich in ihrem Hause aller Gehässigkeit zu enthalten. Arthur, dem auch der neue Freund seiner Mutter mißfiel, stänkerte ungerührt weiter. Als er schließlich seine Absicht kundtat, nach Weimar überzusiedeln, machte sie ihm in einem Brief, der ein bezeichnendes Licht auf Schopenhauers mutmaßliche Charaktereigenschaften wirft, ein für allemal klar, welche Bedingungen sie an ein Zusammenleben von Mutter und Sohn in Weimar zu knüpfen gedachte: »Nun zu Deinem Verhältnisse hier gegen mich… Daß ich Dich recht liebhabe, daran zweifelst Du nicht; ich habe es Dir bewiesen, solange ich lebe. Es ist zu meinem Glücke notwendig zu wissen, daß Du glücklich bist, aber nicht, ein Zeuge davon zu sein. Ich habe Dir immer gesagt, es wäre sehr schwer, mit Dir zu leben; und je näher ich Dich betrachte, desto mehr scheint mir diese Schwierigkeit, für mich wenigstens, zuzunehmen… Dein Mißmut ist mir drückend und verstimmt meinen heiteren Humor, ohne daß es Dir etwas hilft. Sieh, lieber Arthur, Du bist nur auf Tage bei mir zu Besuch gewesen, und jedesmal gab es heftige Szenen um nichts und wieder nichts und wieder nichts, und… ich atmete erst frei, wenn Du weg warst, weil Deine Gegenwart, Deine Klagen über unvermeidliche Dinge, Deine finsteren Gesichter, Deine bizarren Urteile, die wie Orakelsprüche von Dir ausgesprochen werden, ohne daß man etwas dagegen einwenden dürfte, mich drückten… Ich lebe jetzt sehr ruhig; seit Jahr und Tag habe ich keinen unangenehmen Augenblick gehabt, den ich nicht Dir zu danken hätte. Ich bin still für mich, niemand widerspricht mir, ich widerspreche niemandem, kein lautes Wort hört man in meinem Haushalt; alles geht seinen einförmigen Gang, ich gehe den meinen…, und das Leben gleitet dahin, ich weiß nicht, wie. Dies ist mein eigentliches Dasein, und so muß es bleiben, wenn Dir die Ruhe und das Glück meiner noch übrigen Jahre lieb ist… Dazu gehört, daß wir wenig miteinander sind … Höre also, auf welchem Fuß ich mit Dir sein will. Du bist in Deinem Logis zu Hause; in meinem bist du ein Gast, wie ich es etwa nach meiner Verheiratung im Hause meiner Eltern war, ein willkommener, lieber Gast, der immer freundlich empfangen wird, sich aber in keine häusliche Einrichtung mischt. Um diese bekümmerst Du Dich gar nicht … ich dulde keine Einrede, weil es mich verdrießlich macht und nichts hilft … An meinen Gesellschaftstagen kannst Du abends bei mir essen, wenn Du Dich dabei des leidigen Disputierens … wie auch alles Lamentierens über die dumme Welt und das menschliche Elend enthalten willst, weil mir das immer eine schlechte Nacht und üble Träume macht – und ich gerne gut schlafe.«

Schopenhauer bemühte sich eine Zeitlang, den Wünschen seiner Mutter nachzukommen, aber es wollte ihm nicht recht gelingen. Sein Naturell, das Johanna Schopenhauer treffend beschrieben hatte, brach sich immer wieder Bahn. In ihrem Salon, einem gehobenen Ort sorglosen Plauderns, wirkte er wie ein gelehrter Grobian, der seine Lebensaufgabe darin sah, für schlechte Laune zu sorgen. Schopenhauers Weltsicht stand fest; das Licht, das ihm im Hafen von Toulon aufgegangen war, warf seinen trüben Schein voraus und wies ihm die Richtung. Als er mit dem Philosophiestudium begann, war es nur noch eine Frage der Zeit, bis er die seinen Anschauungen gemäßen Gedanken gefunden haben würde. Im Oktober 1813 promovierte er an der Universität Jena mit der Dissertation *Über die vierfache Wurzel des Satzes vom zureichenden Grunde* zum Doktor der Philosophie. Johanna Schopenhauer, auf der Höhe ihres Ruhms stehend, kommentierte die Arbeit ihres Sohnes mit der spöttischen Frage: »Das ist wohl etwas für Apotheker?«, worauf er entgegnete: »Man wird sie noch lesen, wenn von Deinen Schriften kaum mehr ein Exemplar in der Rumpelkammer stecken wird!« Johanna Schopenhauer erwiderte: »Von der Deinigen wird die ganze Auflage noch zu haben sein.«

Mit dieser Prognose sollte die Mutter, zumindest was sein Hauptwerk *Die Welt als Wille und Vorstellung* anging, zunächst recht behalten. Im Mai 1814 ließ sich Schopenhauer in Dresden nieder. Die Stadt gefiel ihm; er lebte auf und wurde, für seine Verhältnisse, direkt gesellig. Er verkehrte in Literaten- und Künstlerkreisen und wußte dort mit respektlosen Scherzen auf sich aufmerksam zu machen. Zu seiner guten Laune trug auch der Umstand bei, daß er spürte, wie seine Philosophie sich konkretisierte und zu einem veritablen Gedankengebäude aufwuchs. Das Bild von Toulon, das seinen Eindruck hinterlassen hatte, machte wieder von sich reden und ließ sich nun – endgültig – beim Wort nehmen. In einer seiner autobiographischen Skizzen notierte Schopenhauer dazu rückblickend: »Von 1814 bis 1818 habe ich in Dresden privatisiert, die Bibliothek und Kunstsammlungen zu vielseitigen Studien benutzend und in der schönen Umgebung meinen Gedanken nachhängend ... Während dieses vierjährigen Aufenthalts in Dresden ist es gewesen, daß in meinem Kopfe, gewissermaßen ohne mein Zutun, mein philosophisches System, strahlenweise wie ein Kristall zu einem Zentrum konvergierend, zusammenschoß, so wie ich es sofort im ersten Band meines Hauptwerks niedergelegt habe. Mich haben nicht die Bücher, sondern die Welt hat mich befruchtet.«

Schon ein Jahr zuvor, in Berlin, wo er sich über die Philosophen Schleiermacher und Fichte geärgert hatte, waren Schopenhauer Gedanken zu Kopf gestiegen, die ihm wie die Vorspiegelung seiner künftigen Philosophie erschienen, der er, in geeigneter Umgebung, zur Ausarbeitung verhelfen wollte. Was in den beiden Berliner Jahren noch philosophisches Stückwerk blieb, geriet in seiner Dresdner Zeit wie von selbst aufs Papier und fügte sich zum System. Schopenhauer kam es vor, als müßte er nur seiner inneren Stimme lauschen, die ihm Kunde gab vom Geheimnis der Welt. Er wurde zum Protokollanten einer Philosophie, deren Zeit gekommen war. Das äußere Gebaren des jungen Mannes, der sich nicht nur gedankenverloren gab, sondern auch begeistert zeigen konnte, war dabei von kuriosen Zügen nicht frei. Schopenhauers späterer Schüler und Adlatus Frauenstädt berichtete:

»Als Schopenhauer zu Dresden mit seinem Hauptwerk schwanger ging, zeigte er, wie er mir selbst erzählt, in seinem ganzen Wesen und seinen Gebärden etwas so Auffallendes, daß man ihn beinahe für toll gehalten. Einst, im Treibhause zu Dresden umhergehend und ganz in Betrachtungen über die Physiognomie der Pflanzen vertieft, habe er sich gefragt, woher diese so verschiedenen Formen und Färbungen der Pflanzen? Was will mir hier dieses Gewächs in seiner so eigentümlichen Gestalt sagen? Welches ist das innere subjektive Wesen, der Wille, der hier, in diesen Blättern und Blüten, zur Erscheinung kommt? – Er habe vielleicht laut mit sich gesprochen und sei dadurch sowie durch seine Gestikulationen dem Aufseher des Treibhauses aufgefallen. Dieser sei neugierig gewesen, wer denn dieser sonderbare Herr sei, und habe ihn beim Weggehen ausgefragt. Hierauf

Schopenhauer: ›Ja, wenn Sie mir das sagen könnten, wer ich bin, dann wäre ich Ihnen viel Dank schuldig.‹ Darauf habe ihn jener angesehen, als ob er einen Verrückten vor sich habe. ›Das aber ist Humor‹, fügte Schopenhauer bei dieser Gelegenheit hinzu.«

Schließlich war es soweit: Im März 1818 hatte Schopenhauer das Manuskript seines Buchs abgeschlossen, das Anfang 1819 bei Brockhaus in Leipzig erschien und zu einem eindrucksvollen Mißerfolg wurde. Die Drucklegung seines Werkes hatte der Philosoph gar nicht abgewartet. Im September 1818 war er zu seiner ersten Italienreise aufgebrochen, die ihn nach Venedig, Rom, Neapel und Mailand führte. Schopenhauer war von dem Wert seines Buches felsenfest überzeugt. Auch als sich abzeichnete, daß es von den Meinungsführern der philosophischen Welt fast gänzlich ignoriert wurde, ließ er sich nicht beirren. Zweifel überkamen ihn selten; er rechnete fest mit der Dummheit der Menschen und vertraute darauf, daß die Wahrheit sich letztlich doch durchsetzen würde. An der Grundeinschätzung seines Werkes, die er schon am 28. März 1818 in einem überaus selbstbewußten Brief an seinen zukünftigen Verleger Brockhaus kundgetan hatte, hielt Schopenhauer ein Leben lang fest: »Mein Werk ... ist ein neues philosophisches System; aber neu im ganzen Sinne des Wortes: nicht neue Darstellung des schon Vorhandenen, sondern eine im höchsten Grade zusammenhängende Gedankenreihe, die bisher noch nie in irgendeines Menschen Kopf gekommen. Das Buch, in welchem ich das schwere Geschäft, sie anderen verständlich mitzuteilen, ausgeführt habe, wird, meiner festen Überzeugung nach, eines von denen sein, welche nachher die Quelle und der Anlaß von hundert anderen Büchern werden... Vor einem Jahr fing ich an, das Ganze im zusammenhängenden Vortrag für andere faßlich zu machen... Dieser Vortrag selbst ist gleich fern von dem hochtönenden, leeren und sinnlosen Wortschwall der neuen philosophischen Schule...; er ist im höchsten Grade deutlich, faßlich, dabei energisch, und ich darf wohl sagen, nicht ohne Schönheit: nur wer echte Gedanken hat, hat echten Stil. Der Wert, den ich auf meine Arbeit lege, ist sehr groß: denn ich betrachte sie als die ganze Frucht meines Daseins. Der Eindruck nämlich, welchen auf einen individuellen Geist die Welt macht, und der Gedanke, durch welchen der Geist, nach erhaltener Bildung, auf jenen Eindruck reagiert, ist allemal nach zurückgelegtem dreißigsten Jahre da, vorhanden und geschehen; alles Spätere sind nur Entwicklungen und Variationen desselben.«

Was Schopenhauers Philosophie, die er in seinem Hauptwerk *Die Welt als Wille und Vorstellung* zusammenfaßte und später durch eine Vielzahl von brillanten Einzelanalysen ergänzte, gerade auch für den heutigen Leser so überzeugend erscheinen läßt, ist ihre verblüffende Modernität. Lange vor Freud beschäftigte er sich mit dem Unbewußten, das für ihn zu dem einen Welt- und Individualwillen gehört, der das Leben, im Großen wie im Kleinen, durchwirkt und beherrscht. Schopenhauers Philosophie war ein Frontalangriff auf die großen Vernunftsysteme seiner Zeit: Nicht mehr die Rationalität, wie von Fichte, Schelling und Hegel, den deutschen Idealisten, auf unterschiedliche Weise dargetan, hat das Sagen, sondern der Wille, der alle Existenzformen des Lebendigen ins Dasein treibt und dem Tod zuführt. Der Mensch ist nicht mehr die Krone der Schöpfung, sondern ein Lebewesen unter vielen, das sich vor anderen nur durch seine enorme Selbstüberschätzung auszeichnet – auch dies ein wahrhaft moderner Aspekt der Schopenhauerschen Philosophie. Der biologischen Allmächtigkeit des Willens entkommen kann der Mensch kaum: Es gelingt ihm dies, vorübergehend, nur in der meditativen Kraft, die von den Künsten, im besonderen der Musik, ausgeht – und in der »Verneinung des Willens zum Leben«, einer Askese, die den Individualwillen durch Bedürfnislosigkeit gegenstandslos zu machen versucht, den übergreifenden Weltwillen und seine Gesetzmäßigkeiten jedoch nicht entscheidend beeinträchtigen kann:

»Der Kern und Hauptpunkt meiner Lehre ... ist jene paradoxe Grundwahrheit, daß das, was Kant als das Ding an sich ... für schlechthin unerkennbar hielt, nichts anderes ist als jenes uns unmittelbar Bekannte und sehr genau Vertraute, was wir im Innern unseres eigenen Selbst als Willen finden; daß demnach dieser Wille, weit davon entfernt, wie alle bisherigen Philosophien annahmen, von der Erkenntnis unzertrennlich und sogar ein bloßes Resultat derselben zu sein, von dieser, die ganz sekundär und späteren Ursprungs ist, grundverschieden und völlig unabhängig ist, folglich auch ohne sie bestehn und sich äußern kann, welches in der gesamten Natur ... wirklich der Fall ist ... Die Erkenntnis und ihr Substrat, der Intellekt« sind demnach »ein vom Willen gänzlich verschiedenes ... Phänomen, ihm selbst unwesentlich, von seiner Erscheinung im tierischen Organismus abhängig, daher physisch, nicht metaphysisch, wie er selbst«, so »daß folglich nie von Abwesenheit des Willens – also nicht, wie man bisher ohne Ausnahme annahm, Wille durch Erkenntnis bedingt sei, wiewohl Erkenntnis durch Wille... Meine ganze Philosophie läßt sich« daher »zusammenfassen in dem einen Ausdruck: die Welt ist die Selbsterkenntnis des Willens.«

Schopenhauers später Ruhm setzte, zögerlich zunächst, aber dann doch nahezu gradlinig verlaufend, mit der Veröffentlichung seines Buches *Parerga und Paralipomena* im Jahre 1851 ein. Dieses Werk, dessen Titel (in deutscher Übersetzung: Nebenarbeiten und Nachgebliebenes) eher auf eine komische Oper als auf ein philosophisches Erfolgsbuch, das auch ein größeres Lesepublikum ansprechen konnte, schließen läßt, berichtet aus dem Garten des Menschlichen im Stile eines großartigen Reiseschriftstellers. »Ja, das ist es«, befand schon Leo Tolstoj, »das ist die Welt in einer unglaublich schönen und hellen Spiegelung!« Gespiegelt wurden in der Tat alle Bereiche des Lebens, die von jeher Menschengedanken in Beschlag genommen haben. Das Inhaltsverzeichnis der *Parerga und Paralipomena* liest sich denn auch wie eine poetische Phänomenologie des Daseins: *Über die anscheinende Absichtlichkeit im Schicksale des einzelnen*; *Über Urteil, Kritik, Beifall und Ruhm*; *Über Selbstdenken*; *Über Sprache und Worte*; *Über die Weiber*; *Über die Erziehung*; *Über Lärm und Geräusch*; *Von dem, was einer ist*; *Von dem, was einer hat*; *Von dem, was einer vorstellt* und anderes mehr.

Die *Parerga und Paralipomena* wurden als wahrhaftige *Aphorismen zur Lebensweisheit* aufgenommen (so auch der Titel des Hauptstücks der Sammlung, das – mit ungezählten Nachdrucken und Separateditionen – als Schopenhauers erfolgreichstes Buch in die Literaturgeschichte der Philosophie eingehen sollte). Das Publikum fand sich darin tatsächlich mit Einsichten belohnt, die den unverrückbaren Kern der menschlichen Existenz betrafen. – Schopenhauer hatte nun seine Leser, und die »Komödie« seines »Ruhmes«, wie er die Aufmerksamkeit, die ihm noch zuteil wurde, selber nannte, beglänzte ihm – er nahm es gelassen und mit wachsender Genugtuung zur Kenntnis – die letzten Jahre seines Lebens. Schon zuvor war er, auch das erfreute ihn, zu einem Original, ja zu einer Art lebenden Legende geworden, die man später in diversen Karikaturen verewigte: In Frankfurt am Main, wo er sich 1833 niedergelassen hatte und bis zu seinem Tod im Jahre 1860 lebte, unternahm er mit seinem Pudel Butz, den er selbst gern »Atma« (Weltseele) nannte, regelmäßige Spaziergänge. Sein Schüler Gwinner berichtet: »Nach Tisch … hielt er eine Stunde Siesta. Den ersten Teil des Nachmittags füllte dann leichtere Lektüre aus. Gegen Abend ging er, von seinem Pudel begleitet, ins Freie … Sein Schritt war bis ins letzte Jahr seines Lebens voll jugendlicher Spannkraft und Geschwindigkeit. Dabei war sein Körper in beständiger Aktion, und er pflegte mit seinem Stock, einem kurzen dicken Bambusrohr, von Zeit zu Zeit heftig auf den Boden zu stoßen. Vor der Stadt zündete er sich eine leichte Zigarre an, die er aber nur zur Hälfte rauchte, da er den feuchten Rest für schädlich hielt. Zuweilen blieb er stehen, sah sich um und eilte dann wieder, einige unartikulierte Laute ausstoßend, weiter. Diese seine Gewohnheit, sein überaus sanguinisches Temperament dann und wann laut werden zu lassen, ohne den Ausdruck erst zu wählen, brachte ihn wohl bei Vorübergehenden in Verdacht, als mokierte er sich über sie …«

Seinen Ursprüngen ist Schopenhauer immer treu geblieben; das Erlebnis, das ihn im Hafen von Toulon zum Nachdenken brachte, begründete seine Philosophie, von der auch, ungeachtet ihres feingewebten Desillusionismus, eine widerborstige Behaglichkeit ausgeht, in der man sich einhausen kann. Den »Jammer des Lebens«, von dem der junge Schopenhauer »in seinem 17ten Jahre« bereits »ergriffen wurde«, hat er ein ums andere Mal nachgezeichnet und in vielerlei Variationen als die eine und einzige Leidensgeschichte menschlicher Erbärmlichkeit erzählt. Das Problem heutiger Schopenhauerianer allerdings ist er, der Meister, selbst. Was er – mit zeitlosem Bezug – gesagt hat, läßt sich besser nicht sagen; sein Sprachwitz bleibt unübertroffen, und da man das tiefe Fahrwasser seiner Gedanken nur noch selten erreicht, dümpeln manche gerne dort, wo das Seichte beginnt und ausgewählte Philologen sich zu ihren alljährlichen Mutproben treffen. Man hat sich eingerichtet im gemütlich gemachten Unwirtlichen, und man erfreut sich – das wiederum kann kein Vorwurf sein – an den Vorzügen Schopenhauerscher Weltsicht, die sich, alles in allem, zu einem realistischen Allzweckpessimismus bündeln läßt, aus dem das universelle »Mitleid« ebenso erwächst wie das altehrwürdige Desiderat eines ganz anderen Lebens.

Schopenhauer wußte, »wie nichtssagend und bedeutungsleer, von außen gesehn, und wie dumpf und besinnungslos, von innen empfunden, das Leben der allermeisten Menschen dahinfließt. Es ist ein mattes Sehnen und Quälen, ein träumerisches Taumeln durch die vier Lebensalter hindurch zum Tode, unter Begleitung einer Reihe trivialer Gedanken. Sie gleichen Uhrwerken, welche aufgezogen werden und gehen, ohne zu wissen, warum; und jedes Mal, daß ein Mensch gezeugt und geboren worden, ist die Uhr des Menschenlebens aufs neue aufgezogen, um jetzt ihr schon zahlreiche Male abgespieltes Leierstück abermals zu wiederholen, Satz vor Satz und Takt vor Takt, mit unbedeutenden Variationen.«

Schopenhauer aber wußte auch: »Solange der Ausgang einer gefährlichen Sache nur noch zweifelhaft ist, solange nur noch die Möglichkeit, daß er ein glücklicher werde, vorhanden ist, darf an kein Zagen gedacht werden, sondern bloß an Widerstand – wie man am Wetter nicht verzweifeln darf, solange noch ein blauer Fleck am Himmel ist.«

Quellennachweis

Zitiert wird nach den folgenden Ausgaben:

Arthur Schopenhauer: Sämtliche Werke. Herausgegeben von Arthur Hübscher. Bd. I–VII. 2. Auflage. Wiesbaden: F. A. Brockhaus 1946 bis 1950 (zitiert als SW).

Arthur Schopenhauer: Der Handschriftliche Nachlaß, Herausgegeben von Arthur Hübscher. Band I–V. Frankfurt am Main: Waldemar Kramer 1966 bis 1975; München 1985: Deutscher Taschenbuch Verlag (zitiert als HN).

Arthur Schopenhauer: Gesammelte Briefe. Herausgegeben von Arthur Hübscher. Bonn: Bouvier 1978 (zitiert als G. Br.).

Über die Philosophie: SW II, 97; SW III, 209; SW VI, 9; SW III, 176f.; SW III, 204ff.; SW V, 162f.; SW V, 192; SW III, 189; SW VI, 4; SW III, 504ff.; HN IV/1, 302; HN IV/2, 13; HN I, 126; SW III, 190; SW II, 41ff.; SW II, 97.

Die Welt als Wille und Vorstellung: G. Br., 29f.; SW II, 3f.; SW II, 117ff.; SW II, 133; SW II, 140f.; 150, 155; SW II, 119; SW VI, 299f.; SW IV, 1, 21; SW III, 238f.; SW VI, 58; SW III, 260; SW VI, 101ff.; SW IV, 1, 19f.

Der Aufbau des Wirklichen: SW IV, 36; SW II, 154f.; SW VI, 70f.; SW II, 155f.; SW II, 368; SW II, 174ff.; SW II, 324ff.; SW III, 175f.

Das klare Weltauge: Vom Schauen und Vergessen: SW II, 210f.; SW II, 230ff.; SW II, 210ff.; SW VI, 72; SW III, 464; SW III, 463; SW III, 444; SW VI, 448; SW II, 293f.; SW III, 487f.; SW II, 260f.; SW VI, 457f.; SW III, 512f.

Das wahre Wesen der Dinge: SW II, 545 ff.; SW II, 657 f.; SW II, 448 f.; SW II, 415 ff.; SW VI, 217 f.; SW IV, 2, 229 f.; SW IV, 2, 207 ff.; SW IV/2, 253; SW III, 261 f.; SW II, 461 f.; SW II, 486 f.

Von der Natur des Menschen: SW IV/2, 196 f.; SW IV/2, 163; SW VI, 246; SW IV/2, 250; SW III, 251; SW VI, 225 ff.; SW IV, 16 ff., SW IV, 42; SW IV, 59, 86, 93 f.; SW IV/2, 44 f.; SW III, 439 ff.; SW VI, 639; SW VI, 630; SW II, 380 f.; SW VI, 621 f.; SW VI, 624; SW III, 261; SW VI, 643 f.; SW VI, 629 f.; SW V, 343 ff.; SW V, 343 ff.; SW VI, 637.

Alter und Jugend: Vom Lauf der Zeit: SW V, 512 ff.; SW V, 523; SW V, 515; SW III, 269; SW V, 518; SW V, 511; SW V, 518; SW V, 521; SW VI, 620; SW V, 523, SW VI, 641; SW VI, 301 f.; SW V, 442; SW II, 328 f.; SW III, 269 f.; SW II, 329; SW VI, 287; SW VI, 43 ff.; SW VI, 293 f.

Das Leben – eine strenge Lektion: SW II, 383; SW VI; 307; SW VI, 341; SW VI, 321 f.; SW III, 665; SW III, 667; SW III, 462; SW VI, 353; SW III, 729 f.; SW VI, 690 f.; HN IV/1, 312; SW II, 366 ff.; SW VI, 309; SW III, 108; SW V, 505; SW V, 444; SW V, 432; SW II, 331; SW V, 346; SW II, 21.

Vom Tod: SW II, 379; SW III, 559 ff.; SW III, 699; SW VI, 288; SW III, 532 ff.; SW III, 641 ff.; SW III, 568 ff.; SW III, 548; SW VI, 290 f.; SW III, 531; SW III, 611; SW VI, 296.

Geistesprodukte: Über Philosophen, Schriftsteller und Bücher: HN IV/1, 215; HN III, 9 f.; SW VI, 536 f.; SW VI, 537 f.; SW VI, 532 f.; SW VI, 533 ff.; SW VI, 539 f.; SW VI, 540; SW V, 169 ff.; SW V, 174 f.; SW VI, 541; SW VI, 547 ff.; HN IV/1, 177; HN IV/1, 169.

Notizen in eigener Sache: G. Br., 670 ff.; (im Original französisch/Übersetzung von Arthur Hübscher); HN IV/2, 120 f.; HN IV/1, 292; HN IV/2, 106; HN IV/2, 107; HN IV/2, 108; HN IV/2, 109; HN IV/2, 116 f.; HN IV/2, 124; HN IV/1, 96; SW III, 666; SW V, 140 f.; HN III, 34; HN IV/2, 114; HN IV/2, 124 f.; HN IV/1, 287; HN IV/1, 287 f.; SW VI, 638 f.; HN IV/1, 255; HN IV/2, 126 f.

Arthur Schopenhauer im Diogenes Verlag

Der komplette Schopenhauer: Jeder Band bringt den integralen Text in der originalen Orthographie und Interpunktion Schopenhauers; Übersetzungen und seltene Fremdwörter sind in eckigen Klammern eingearbeitet; ein Glossar wissenschaftlicher Fachausdrücke ist als Anhang jeweils dem letzten Band der *Welt als Wille und Vorstellung*, der *Kleineren Schriften* und der *Parerga und Paralipomena* beigegeben. Die Textfassung geht auf die historisch-kritische Gesamtausgabe von Arthur Hübscher zurück; das editorische Material besorgte Angelika Hübscher.

Gesammelte Werke
10 Bände in Kassette
Alle Bände auch als Einzelausgaben erhältlich

Die Welt als Wille und Vorstellung I
in zwei Teilbänden

Die Welt als Wille und Vorstellung II
in zwei Teilbänden

Über die vierfache Wurzel des Satzes vom zureichenden Grunde / Über den Willen in der Natur
Kleinere Schriften I

Die beiden Grundprobleme der Ethik: Über die Freiheit des menschlichen Willens / Über die Grundlage der Moral
Kleinere Schriften II

Parerga und Paralipomena I
in zwei Teilbänden, wobei der zweite Teilband die ›Aphorismen zu Lebensweisheit‹ enthält

Parerga und Paralipomena II
in zwei Teilbänden

Außerdem erschienen:

Denken mit Arthur Schopenhauer
Vom Lauf der Zeit, dem wahren Wesen der Dinge, dem Pessimismus, dem Tod und der Lebenskunst
Herausgegeben und mit einem Nachwort von Otto A. Böhmer

Otto A. Böhmer im Diogenes Verlag

Johann Wolfgang Goethe

Sein Leben erzählt von Otto A. Böhmer

Er gilt als Deutschlands größter Dichter: Johann Wolfgang Goethe. Es ist unglaublich viel über ihn geschrieben worden, und je mehr man über ihn geschrieben hat, desto mehr hat sich der Mensch, um den es dabei geht, seinen Bewunderern und Kritikern entzogen. Es scheint, als ob er bis auf den heutigen Tag eine Rolle spielen wollte, die er auch in seinem Leben gerne gegeben hat: sich zu wandeln, zu häuten, unkenntlich zu werden.
In diesem Buch wird das Genie von seinen verschiedenen Seiten gezeigt. Kurz, prägnant und doch reich an Fakten, Zitaten und Anekdoten – Otto A. Böhmer faßt auf unterhaltsame Weise das Wesentliche dieses langen, produktiven Lebens zusammen.

»Ein unverwechselbarer Tonfall. Böhmer schreibt äußerst einfühlsam, kenntnisreich und unterhaltend.«
Carlos Kleiber

Friedrich Schiller

Sein Leben erzählt von Otto A. Böhmer

Fragt man nach den bekanntesten deutschen Dichtern, dann nennt man ihn gleich nach Goethe; daß Schiller in der deutschen Literaturgeschichte so weit nach vorn kam, war indes lange nicht abzusehen. Anders als Goethe, der sich auf sein Glück verlassen konnte, mußte es Schiller zunächst so vorkommen, als werde er vom Schicksal stiefmütterlich behandelt.
Wie Schiller gegen sein Los aufbegehrt und entgegen allen Schwierigkeiten doch zu Weltruhm kommt, das erzählt Otto A. Böhmer kenntnisreich und unterhaltsam, anhand vieler Fakten, Zitate und Anekdoten.

»Kein Deutscher ist wie er so ganz Bewegung. Seine Gedanken jagt er zu einem Ziel, seine Betrachtung zu einem Äußersten, Höchsten, seine Gestalten zu einem großen Entschluß, einem großen Abenteuer oder einem großen Untergang. Sein Leben und sein Tod gleicht dem des Fackelläufers, der in sich verzehrt, aber mit brennendem Licht ans Ziel kam, sterbend hinstürzte und so stürzend, so sterbend ein ewiges Sinnbild blieb. Etwas treibt die Deutschen immer wieder zu ihm zurück...« *Hugo von Hofmannsthal*

»Schiller wächst, indem man sich mit ihm beschäftigt, vom Fernen ins Nahe.« *Friedrich Dürrenmatt*

»Freiheit, Frauen, Freundschaft: Friedrich Schiller steht der Gegenwart näher, als viele glauben.«
Volker Hage / Der Spiegel, Hamburg

Heinrich Heine

Sein Leben erzählt von Otto A. Böhmer

»Unter den deutschen Dichtern, von denen er einer der bekanntesten und besten war, gehört Heinrich Heine zu den Stilisten. Einige seiner Gedichtzeilen haben sich dem allgemeinen Gedächtnis eingeprägt und sind von dort nicht mehr wegzudenken: ›Denk' ich an Deutschland in der Nacht‹, ›Ich weiß nicht, was soll es bedeuten‹ oder ›Du bist wie eine Blume‹. Mit seinem Witz, seinem Sarkasmus, mit der Lust, sich auch an Gegnern zu reiben, von denen er wußte, daß sie ihm nicht gewachsen waren, machte er sich nicht nur Freunde: ›Ich gestehe, ich habe manchen gekratzt, manchen gebissen, und war kein Lamm. Aber glaubt mir, jene gepriesenen Lämmer der Sanftmut würden sich minder frömmig gebärden, besäßen sie die Zähne und die Tatzen des Tigers.‹ Der Dichter Heinrich Heine war ein Künstler der Kritik, die er in Poesie umsetzte.« *Otto A. Böhmer*

Friedrich Nietzsche

Sein Leben erzählt von Otto A. Böhmer

»Friedrich Nietzsche hat der Philosophie eine Faszination verliehen, die sie bis dahin nicht hatte. Das liegt vor allem daran, daß Nietzsche mindestens so sehr Dichter wie Philosoph war. Nietzsches Leben gleicht einer äußeren Leidensgeschichte: Er begann als Junggenie, wurde schon mit 24 Professor für klassische Philologie in Basel und mußte dann aus Krankheitsgründen frühpensioniert werden. Seine Krankheit, die schließlich in den Wahnsinn führte (über beides, Krankheit und Wahnsinn, streiten sich die Fachleute noch heute), wurde er nicht mehr los. Nach seiner vorzeitigen Pensionierung führte Nietzsche ein unstetes Reiseleben, in dem euphorisch-hellsichtige Phasen mit tiefen Depressionen abwechselten. Nietzsches Denken vollzieht sich auf einem selbstgewählten Höhenweg, der schließlich nur noch an Abgründen vorbeiführt. Im privaten Umgang blieb er stets ein liebenswürdig-bescheidener, zurückhaltender, ja oft schüchterner Mensch.« *Otto A. Böhmer*

»Böhmers Biographien über Dichter und Denker sind kenntnisreich und unterhaltsam.«
Stephan Reinhardt / Frankfurter Rundschau

Joseph von Eichendorff

Sein Leben erzählt von Otto A. Böhmer

Lange Zeit galt er als der Gemütsmensch unter den deutschen Dichtern, mit seinem Namen verbindet man Waldeslust und Andächtigkeit in freier Natur. Daß damit nicht der ganze Eichendorff gemeint sein kann, weiß man inzwischen; der Mann hatte mehr zu bieten. Was, das zeigt Otto A. Böhmer in dieser kurzen Biographie – auf seine gewohnt unverkrampfte und zugleich präzise Art, anhand von Fakten, Zitaten und Anekdoten.

Obwohl sich Joseph von Eichendorff schon früh zu den Dichtern hingezogen fühlt, betreibt er nach der Schule ein ganz anderes Studium: Er wird Jurist. In einer Zeit der Umbrüche und der beginnenden Industrialisierung meistert er stets den Spagat zwischen Nüchternheit und Poesie. Mit der Novelle *Aus dem Leben eines Taugenichts* und mit seiner Lyrik wird er schließlich einer der bekanntesten deutschen Romantiker. Die Vertonungen von Schumann und Mendelssohn haben ihn in aller Welt berühmt gemacht.

»Es ist nichts als Traum, Musik, Gehenlassen, ziehender Posthornklang, Fernweh, Heimweh, Leuchtkugelfall auf nächtlichen Park, törichte Seligkeit, so daß einem die Ohren klingen und der Kopf summt vor poetischer Verzauberung und Verwirrung.«
Thomas Mann

»Welch ein vortrefflicher Dichter.« *Heinrich Heine*

Denken mit ...
im Diogenes Verlag

»Alles Gescheite ist schon gedacht worden, man muß nur versuchen, es noch einmal zu denken.«
Johann Wolfgang Goethe

Denken mit
Friedrich Dürrenmatt
Ausgewählt und zusammengestellt von Daniel Keel und Anna von Planta

Denken mit Federico Fellini
Aus Gesprächen Federico Fellinis mit Journalisten, ausgewählt von Daniel Keel. Mit Zeichnungen von Federico Fellini

Denken mit Mahatma Gandhi
Auswahl aus den Schriften. Ausgewählt und mit einem Vorwort von Gertrude und Thomas Sartory. Aus dem Englischen von Fritz Kraus und Emil Roniger

Denken mit
Johann Wolfgang Goethe
Herausgegeben und mit einem Vorwort von Ernst Freiherr von Feuchtersleben. Mit einer Schlußbemerkung von Hans Tabarelli

Denken mit Immanuel Kant
Eine Einführung in die Gedankenwelt des Vaters der modernen Philosophie von Wolfgang Kraus. Mit einem Essay von Otto A. Böhmer

Denken mit Karl Kraus
Sprüche und Widersprüche über Moral und Politik, Phantasie und Künstler, Frauen und Psychologen, Journalisten und Dummköpfe. Ausgewählt von Daniel Keel und Daniel Kampa

Denken mit
Michel de Montaigne
Eine Auswahl aus den Essais, vorgestellt von André Gide. Aus dem Französischen und mit einem Nachwort von Hanno Helbling

Denken mit Friedrich Nietzsche
Ausgewählt, herausgegeben und mit einem Vorwort von Wolfgang Kraus

Denken mit George Orwell
Ein Wegweiser in die Zukunft. Ausgewählt von Fritz Senn und Christian Strich. Aus dem Englischen von Felix Gasbarra und Tina Richter

Denken mit Blaise Pascal
Mit einem Nachwort von Egon Friedell. Aus dem Französischen von Ferdinand Bruckner

Denken mit Friedrich Schiller
Eine Auswahl aus den Briefen und dem Prosawerk. Herausgegeben und mit einem Vorwort von Wolfgang Kraus

Denken mit
Arthur Schopenhauer
Vom Lauf der Zeit, dem wahren Wesen der Dinge, dem Pessismismus, dem Tod und der Lebenskunst. Herausgegeben und mit einem Nachwort von Otto A. Böhmer

Denken mit Voltaire
Eine Auswahl aus dem Gesamtwerk. Herausgegeben von Wolfgang Kraus. Auswahl und Übersetzung von Candida Kraus

Dichter und Denker im Diogenes Verlag

• Angelus Silesius

Der cherubinische Wandersmann

Geistreiche Sinn- und Schlußreime. Herausgegeben und mit einem Nachwort von Erich Brock

• Georg Büchner

Werke und Briefe

Dantons Tod / Lenz / Leonce und Lena / Woyzeck / Über Schädelnerven / Briefe. Herausgegeben und mit einem Vorwort von Franz Josef Görtz. Mit einem Nachwort von Friedrich Dürrenmatt

• Anton Čechov & Marc Aurel

Wie soll man leben?

Anton Čechov liest Marc Aurel. Herausgegeben, aus dem Russischen und mit einem Vorwort von Peter Urban

• Ida Cermak

Ich klage nicht

Begegnungen mit der Krankheit in Selbstzeugnissen schöpferischer Menschen: Pascal, Heine, Gorki, Jaspers, Freud, Katherine Mansfield, Proust, Rilke, Kafka, Novalis, Nietzsche, Ernst Jünger, Goethe u.a.

• Paulo Coelho

Handbuch des Kriegers des Lichts

Aus dem Brasilianischen von Maralde Meyer-Minnemann

• Dalai Lama

Ratschläge des Herzens

Aufgezeichnet und mit einem Vorwort von Matthieu Ricard. Aus dem Französischen von Ingrid Fischer-Schreiber

Mitgefühl und Weisheit

Ein Gespräch mit Felizitas von Schönborn. Mit einem Vorwort des chinesischen Dissidenten und Bürgerrechtlers Wei Jingsheng

• Luciano De Crescenzo

Geschichte der griechischen Philosophie I

Die Vorsokratiker. Aus dem Italienischen von Linde Birk

Geschichte der griechischen Philosophie II

Von Sokrates bis Plotin. Deutsch von Linde Birk

• Friedrich Dürrenmatt

Philosophie und Naturwissenschaft

Essays, Gedichte und Reden

Politik

Essays, Gedichte und Reden

Zusammenhänge

Essay über Israel. Eine Konzeption/

Nachgedanken

unter anderem über Freiheit, Gleichheit und Brüderlichkeit in Judentum, Christentum, Islam und Marxismus und über zwei alte Mythen. 1980. Mit Personen- und Werkregister

• Meister Eckehart

Deutsche Predigten und Traktate

Herausgegeben und übersetzt von Josef Quint

• Ralph Waldo Emerson

Repräsentanten der Menschheit

Sieben Essays. Aus dem Amerikanischen von Karl Federn. Mit einem Nachwort von Egon Friedell

Von der Schönheit des Guten

Betrachtungen und Beobachtungen. Ausgewählt, übertragen und mit einem Vorwort von Egon Friedell. Mit einem Nachwort von Wolfgang Lorenz

• Erasmus von Rotterdam

Das Lob der Narrheit

Mit vielen Kupfern nach Illustrationen von Hans Holbein und einem Nachwort von Stefan Zweig

Die Klage des Friedens

Aus dem Lateinischen übersetzt, herausgegeben und mit einem Vorwort versehen von Brigitte Hannemann

Vertrauliche Gespräche

Aus dem Lateinischen übersetzt, herausgegeben und mit einem Vorwort versehen von Kurt Steinmann

● Nicolas Gfeller
Kleine Geschichte der Ethik
von Buddha bis Ernst Bloch. Mit zahlreichen Abbildungen

● Baltasar Gracián
Hand-Orakel und Kunst der Weltklugheit
Aus dem Spanischen von Arthur Schopenhauer. Mit einem Nachwort von Hugo Loetscher

● Homer
Ilias
Aus dem Griechischen von Johann Heinrich Voss. Herausgegeben von Peter Von der Mühll. Mit einem Nachwort von Egon Friedell

Odyssee
Deutsch von Johann Heinrich Voss. Herausgegeben von Peter Von der Mühll. Mit einem Nachwort von Egon Friedell

● Immanuel Kant
Denken mit Immanuel Kant
Eine Einführung in die Gedankenwelt des Vaters der modernen Philosophie von Wolfgang Kraus. Mit einem Essay von Otto A. Böhmer

● Hartmut Lange
Irrtum als Erkenntnis
Meine Realitätserfahrung als Schriftsteller

● Lao Tse
Tao-Te-King
Neu ins Deutsche übertragen von Hans Knospe und Odette Brändli. Mit einem Nachwort von Knut Walf

● Ludwig Marcuse
Philosophie des Glücks
Von Hiob bis Freud. Vom Autor revidierter und erweiterter Text nach der Erstausgabe von 1948. Mit Register

Mein zwanzigstes Jahrhundert
Auf dem Weg zu einer Autobiographie. Mit Personenregister

Nachruf auf Ludwig Marcuse
Autobiographie II

Obszön
Geschichte einer Entrüstung

Wie alt kann Aktuelles sein?
Literarische Porträts und Kritiken. Herausgegeben, mit einem Nachwort und einer Auswahlbibliographie von Dieter Lamping

● Helmuth James Graf von Moltke
Letzte Briefe
aus dem Gefängnis Tegel 1945 / Bericht aus Deutschland im Jahre 1943. Mit einer Einführung von Freya von Moltke

● Michel de Montaigne
Essais
nebst des Verfassers Leben nach der Ausgabe von Pierre Coste. Deutsch von Johann Daniel Tietz. Nachwort von Winfried Stephan

● Michel de Montaigne & Mathias Greffrath
Montaigne heute
Leben in Zwischenzeiten. Herausgegeben, aus dem Französischen und mit einem Vorwort zur Neuausgabe von Mathias Greffrath

● Friedrich Nietzsche
Denken mit Friedrich Nietzsche
Ausgewählt, herausgegeben und mit einem Vorwort von Wolfgang Kraus

Gedichte
Ausgewählt von Anton Friedrich. Mit einer Rede von Thomas Mann

● Walter Nigg
Große Heilige
Von Franz von Assisi bis Therese von Lisieux

Friedrich Nietzsche
Mit einem Nachwort von Max Schoch

Das ewige Reich
Geschichte einer Hoffnung

Der Teufel und seine Knechte

Sören Kierkegaard
Dichter, Büßer und Denker

Vom Geheimnis der Mönche
Von Bernhard von Clairvaux bis Teresa von Avila

Des Pilgers Wiederkehr
Drei Variationen über ein Thema

● George Orwell
Im Innern des Wals
Erzählungen und Essays. Aus dem Englischen von Felix Gasbarra und Peter Naujack

Rache ist sauer
Essays. Deutsch von Felix Gasbarra, Peter Naujack und Claudia Schmölders

● Hanspeter Padrutt
Der epochale Winter
Zeitgemäße Betrachtungen

Und sie bewegt sich doch nicht
Parmenides im epochalen Winter. Mit einem ausführlichen Anhang

● Laurens van der Post
C. G. Jung, der Mensch und seine Geschichte
Aus dem Englischen von Gertie Siemsen

● Ernest Renan
Das Leben Jesu
Vom Verfasser autorisierte Übertragung aus dem Französischen. Mit einem Nachwort von Stefan Zweig

● Arthur Schopenhauer
Gesammelte Werke
Herausgegeben von Arthur Hübscher. 10 Bände in Kassette

Alle Bände auch als Einzelausgaben:

Die Welt als Wille und Vorstellung I
in zwei Teilbänden

Die Welt als Wille und Vorstellung II
in zwei Teilbänden

Über die vierfache Wurzel des Satzes vom zureichenden Grunde / Über den Willen in der Natur
Kleinere Schriften I

Die beiden Grundprobleme der Ethik: Über die Freiheit des menschlichen Willens / Über die Grundlage der Moral
Kleinere Schriften II

Parerga und Paralipomena I
in zwei Teilbänden, wobei der zweite Teilband die ›Aphorismen zur Lebensweisheit‹ enthält

Parerga und Paralipomena II
in zwei Teilbänden

Außerdem erschienen:

Denken mit Arthur Schopenhauer
Vom Lauf der Zeit, dem wahren Wesen der Dinge, dem Pessimismus, dem Tod und der Lebenskunst. Herausgegeben und mit einem Nachwort von Otto A. Böhmer

● Seneca
Mächtiger als das Schicksal
Ein Brevier. Herausgegeben und aus dem Lateinischen übertragen von Wolfgang Schumacher

● Meir Shalev
Der Sündenfall – ein Glücksfall?
Alte Geschichten aus der Bibel neu erzählt. Aus dem Hebräischen von Ruth Melcer. Mit einem Glossar und einem Namenverzeichnis

● Alexander Sinowjew
Ich bin für mich selbst ein Staat
Betrachtungen eines russischen Kosmopoliten. Aufgezeichnet von Adelbert Reif und Ruth Renée Reif. Mit einer vollständigen Bibliographie der Werke von Alexander Sinowjew

● Andrzej Szczypiorski
Europa ist unterwegs
Essays und Reden. Aus dem Polnischen von Klaus Staemmler und Winfried Lipscher

● Teresa von Avila
Die innere Burg
Herausgegeben und übersetzt von Fritz Vogelsang

● Thomas a Kempis
Die Nachfolge Christi
Ein kernhafter Auszug aus ›De imitatione Christi‹. Nach dem lateinischen Urtext bearbeitet und mit Anmerkungen herausgegeben von E.A. Kernwart

● Henry David Thoreau
Walden oder Leben in den Wäldern
Essay. Aus dem Amerikanischen von Emma Emmerich und Tatjana Fischer. Mit einem Vorwort von Walter E. Richartz. Mit Anmerkungen, Sach- und Namenregister sowie Chronik

Über die Pflicht zum Ungehorsam gegen den Staat / Civil Disobedience
Essay. Zweisprachige Ausgabe. Deutsch von Walter E. Richartz. Mit einem Nachwort von Manfred Allié, mit Anmerkungen und einer Zeittafel

Vom Spazieren
Essay. Deutsch von Dirk van Gunsteren

● Voltaire

Candide oder der Optimismus
Erzählung. Mit einem Nachwort von Ingrid Peter und einem Essay von Egon Friedell. Aus dem Französischen von Johann Frerking

Denken mit Voltaire
Eine Auswahl aus dem Gesamtwerk. Herausgegeben von Wolfgang Kraus. Auswahl und Übersetzung von Candida Kraus

● Urs Widmer

Die sechste Puppe im Bauch der fünften Puppe im Bauch der vierten
und andere Überlegungen zur Literatur. Grazer Poetikvorlesungen

Das Geld, die Arbeit, die Angst, das Glück.

● Oscar Wilde

Der Sozialismus und die Seele des Menschen
Ein Essay. Aus dem Englischen von Gustav Landauer und Hedwig Lachmann. Frontispiz von Walter Crane

Extravagante Gedanken
Eine Auswahl. Herausgegeben und mit einem Vorwort von Wolfgang Kraus. Auswahl und Übersetzung von Candida Kraus

Ludwig Marcuse im Diogenes Verlag

»Ludwig Marcuse: ein milder Professor für deutsche Literatur, ein Querkopf, beredt, witzig und human, ein polemischer Pazifist, ein aufsässiges Original – ein blitzgescheiter Autor.« *Hermann Kesten*

»Ludwig Marcuse ist nach Schopenhauer und Nietzsche der beste Schreiber unter den deutschen Philosophen.« *Rudolf Walter Leonhardt*

Philosophie des Glücks
Von Hiob bis Freud. Vom Autor revidierter und erweiterter Text nach der Erstausgabe von 1948. Mit Register

Sigmund Freud
Sein Bild vom Menschen. Mit Register und Literaturverzeichnis

Mein zwanzigstes Jahrhundert
Auf dem Weg zu einer Autobiographie. Mit Personenregister

Nachruf auf Ludwig Marcuse
Autobiographie II

Heinrich Heine
Melancholiker, Streiter in Marx, Epikureer

Ludwig Börne
Aus der Frühzeit der deutschen Demokratie

Richard Wagner
Ein denkwürdiges Leben. Mit einem Register

Obszön
Geschichte einer Entrüstung

Wie alt kann Aktuelles sein?
Literarische Porträts und Kritiken. Herausgegeben, mit einem Nachwort und einer Auswahlbibliographie von Dieter Lamping

Die Welt der Tragödie

Luciano De Crescenzo im Diogenes Verlag

Geschichte der griechischen Philosophie

Band 1: Die Vorsokratiker

Band 2: Von Sokrates bis Plotin

Aus dem Italienischen von Linde Birk

Diese Bücher beweisen, daß nicht die Philosophie langweilig ist, sondern höchstens die, die darüber schreiben.

»Philosophen wie du und ich – ein italienischer Ex-Manager hat die ›Geschichte der griechischen Philosophie‹ so unterhaltsam aufbereitet, daß sie ein Bestseller wurde. Das Erfolgsrezept ist einfach: Er schreibt verständlich.« *Stern, Hamburg*

Also sprach Bellavista

Neapel, Liebe und Freiheit

Deutsch von Linde Birk

»Zum Greifen dicht geschriebene Alltagsgeschichten, denen Bellavista immer eine philosophische Quintessenz zu entlocken weiß.« *Die Zeit, Hamburg*

»De Crescenzo ist Dichter, Sänger, Regisseur, Schauspieler, Talkmaster, Zeichner. ›Für mich ist das alles dasselbe. Ich bin Erzähler.‹« *Die Weltwoche, Zürich*

oi dialogoi

Von der Kunst, miteinander zu reden

Deutsch von Jürgen Bauer

Kurze, humoristisch angehauchte Erzählungen über die Schönen Künste, Feuerwerke und Silvester, über Auto- und Heiligenkult, Eigentumswohnungen und Gespenster, Atomschutzanlagen, Maradona, die Madonna und grüne Männchen…

»Klar, schnörkellos, mit Witz geschrieben – wie eine geistige Blutauffrischung.« *Neue Zürcher Zeitung*